D1722901

DESIGN NEDERLAND MUST SEE

ROTTERDAM
ERASMUSBRUG
P 173
DE ROTTERDAM
P 175

must
see
shop
eat
drink
sleep
walk

must
see
shop
eat
drink
sleep
walk

design nederland

Jeroen Junte

TERRA

Voorwoord

Vergeet de tulpen. Vergeet ook de windmolens en de klompen – en de coffeeshops en het Red Light District al helemaal! Trouwens, vergeet zelfs Van Gogh en Rembrandt. Waar Nederland tegenwoordig internationaal om bekend staat, is spraakmakende architectuur en baanbrekend design. Het zijn productontwerper Marcel Wanders, architect Rem Koolhaas, couturiers Viktor & Rolf en boekvormgever Irma Boom die Nederland internationaal op de kaart zetten. Maar je moet ze alleen weten te vinden, al die sprankelende musea, winkels, restaurants, galeries en moderne monumenten. Daarom is er nu MUST. Een boek dat er nog niet was en er daarom moest komen. Met alle design en architectuur die je *gezien* moet hebben. Ook als je al elk weekeinde de trending tentoonstellingen of shopping hotspot afloopt.

In MUST is het beste wat Nederland heeft te bieden op het gebied van design en architectuur overzichtelijk op een rij gezet. In welk museum vind je de beste collectie vooroorlogse theateraffiches? Welk museum is trouwens zelf het meest interessant vanwege de spraakmakende architectuur? Maar ook de beste winkeladressen, de opvallendste designhotels en restaurants met adembenemende architectuur vind je in deze gids. Architectuurliefhebbers kunnen hun hart ophalen met wandelingen langs de architectonische iconen – van de spraakmakende nieuwkomers als de Rotterdamse Markthal en De Rotterdam zelf tot de Utrechtse campusgebouwen van onder meer UNStudio en – daar is-ie weer – Rem Koolhaas, maar natuurlijk ook de nieuwste trots van Amsterdam: het Eye Filmmuseum aan het IJ.

Rotterdam blinkt uit in baanbrekende architectuur en nergens is het zo relaxed winkelen als in de Amsterdamse '9 straatjes', voor de echte insider zijn dit gebaande paden. Daarom zijn ook die kleine, onbekende plekjes opgenomen, zoals die ene bakkerswinkel met dat sloophoutinterieur van Piet Hein Eek of die uit juttershout opgetrokken strandtent in Amsterdam-Noord met biobier en ecopizza's. En vind je ook aparte pagina's met bijvoorbeeld de beste boekwinkels of alle restaurants van die ene vernieuwende interieurarchitect. Natuurlijk is Nederland groter dan de vier 'randsteden' en dus vind je hier ook de beste adressen in Enkhuizen, Breda en Groningen. Maar je vindt in MUST niet elke designshop of opzienbarend gebouw – dit is tenslotte een gids en geen naslagwerk.

Verrassend zijn ook de insidertips van diverse Nederlandse ontwerpers. Waar drinkt sieradenontwerper Ted Noten zijn biertje en waar kun je *elbow rubbing* met Richard Hutten tijdens een lunch in een overdekte moestuin? Waar kun je slapen tussen de lakens van Marcel Wanders, maar ook: wat is de favoriete galerie in Arnhem van meubelontwerper Ineke Hans? Je vindt het allemaal in dit boek met de beste design en architectuur in Nederland.

Tot slot: laat je niet misleiden door de titel MUST. Alle adresjes zijn weliswaar een 'must' – alleen niet omdat het moet, maar omdat ze zo leuk zijn.

Jeroen Junte

amsterdam

JOHANNA MARGARETHA

must...

develop

Het is nog lang niet klaar. En strikt genomen is het Hembrugterrein ook geen Amsterdam maar Zaandam. Maar het Hembrugterrein wordt dé nieuwe en creatieve hub. De oude kazernegebouwen van deze voormalige munitiefabriek zijn deels opgeknapt tot werkplekken, showrooms en galeries, al valt er de komende jaren nog heel wat te verbouwen. Dé trekker is Dutch Design Year, een winkel met een zorgvuldig geselecteerde designcollectie van jonge ontwerpers, aangevuld met vintage. Grenzend aan deze winkel met postindustriële vibe ligt de werkplaats van ontwerper Dirk van der Kooij. Door de grote ramen is goed te zien hoe met afgedankte robotarmen uit Chinese fabrieken stoelen en lampen van gerecycled plastic worden gemaakt. Daarnaast wordt op het Hembrugterrein elk jaar in juni Design District georganiseerd, een vakbeurs voor het interieur. Ook staan in de toekomst theatervoorstellingen en andere evenementen gepland.

www.hembrugontwikkelt.nl

see

shop

eat & drink

sleep

walk

AMSTERDAM
MOOOI GALLERY
P 16

see

MOOOI GALLERY
WESTERSTRAAT 187
1015 MA AMSTERDAM
(020) 5287760
MOOOI.COM

Schrik niet als achter een raam in de Westerstraat opeens een levensecht paard met een schemerlamp op zijn hoofd achter het raam staat. In 2008 opende de bekende ontwerper Marcel Wanders zijn imperium in het hart van de Jordaan. En in de wondere wereld van Wanders is alles mogelijk – dus ook een lamp in de vorm van een metershoog paard in de etalage van zijn showroom, pardon: gallery. Met medewerking van de gemeente kreeg Wanders in 2008 de beschikking over dit voormalige schoolgebouw. Op de bovenste vier verdiepingen bevinden zich kantoren en studio's voor creatieve bedrijven, waaronder ook de ontwerpstudio van Wanders zelf. De begane grond is ingericht als showroom/gallery van het designlabel Moooi, waarvan Wanders mede-eigenaar en art director is.

THE FROZEN FOUNTAIN
PRINSENGRACHT 645
1016 HV AMSTERDAM
(020) 6229375
FROZENFOUNTAIN.NL

The Frozen Fountain is de bekendste designwinkel van Nederland. Neem alleen al de locatie: een dubbelloopse pijpenla, twee grachtenpanden breed, twee verdiepingen hoog, met een totale oppervlakte van meer dan 600 vierkante meter. Verdeeld over maar liefst zes ruimtes over twee verdiepingen biedt de 'Frozen', zoals Amsterdammers de winkel liefkozend noemen, alles voor het interieur – van theekopje tot ligbank en van toiletspiegel tot schemerlamp. Zelfs de wanden zijn de afgelopen twintig jaar zo goed als dichtgeslibd met kasten en planken vol design.

Onderscheidend is vooral het grote assortiment design van individuele ontwerpers, variërend van het sloophoutdesign van Piet Hein Eek tot de unieke vilten wandkleden van Claudy Jongstra. Ondanks deze nadruk op Dutch design worden er ook meubels aangeboden van grote internationale merken als Moroso en Vitra.

DROOG GALLERY
STAALSTRAAT 7B
1011 JJ AMSTERDAM
(020) 5235050
DROOG.COM

Bij de oprichting in 1991 deed Droog (toen nog Droog Design) de designwereld op zijn grondvesten schudden. De avontuurlijke meubels waarbij idee en concept belangrijker waren dan esthetiek, markeerden een scherpe breuk met het gelikte Italiaanse design van de jaren 80. Droog kreeg zoveel invloed, dat het een stijl op zich werd. Een tafel was gemaakt van sloophout (Piet Hein Eek), een stoel van vodden (Tejo Remy) en Jurgen Bey maakte een kast van wegwerpkarton. Sindsdien maakten tal van Nederlandse ontwerpers hun internationale doorbraak onder de vleugels van Droog. De Droog Gallery, verdeeld over drie monumentale panden, oogt dan ook als een museum over de recente geschiedenis van Dutch design. Daarnaast worden er hedendaagse producten van meer dan vijftig ontwerpers uit de hele wereld verkocht. Op de eerste verdieping is een restaurant.

FOAM FOTOGRAFIEMUSEUM
KEIZERSGRACHT 609
1017 DS AMSTERDAM
(020) 5516500
FOAM.ORG

Foam is dé plek in Amsterdam voor fotografie in al haar gedaanten: van documentair tot mode, van eigentijds tot historisch. Naast grote tentoonstellingen waarin het werk van wereldberoemde fotografen gepresenteerd wordt, toont Foam ook jong talent in kleinere, snel wisselende exposities. Het museum pretendeert niet gecompliceerd te zijn, maar wel kritisch en inspirerend. Daarnaast organiseert Foam regelmatig debatten en lezingen. Check ook het Foam Magazine dat verkrijgbaar is in de betere (Amsterdamse) boekhandels.

EYE FILM INSTITUUT NEDERLAND
IJPROMENADE 1
1031 KT AMSTERDAM
(020) 5891400
EYEFILM.NL

In de kromming van het IJ, de brede rivier die Amsterdam doorsnijdt, staat sinds 2012 het EYE Film Instituut Nederland. Naast een bioscoop en een museum met een inventieve en interactieve opstelling voor bezoekers van 8 tot 80 jaar, heeft dit witte gebouw een restaurant en terras met een van de mooiste panorama's van de stad. Het futuristische gebouw van het Oostenrijkse architectenbureau Delugan Meissl heeft een spannende gevel van duizend ton staal waar de bioscoopzalen grillig uitsteken. Bezoek het amfitheater met eettafels en intieme zitjes om door het panoramavenster – dat oogt als een bioscooopscherm – te genieten van een filmisch uitzicht op het IJ en de oude binnenstad. Het warme houten interieur gaat wonderwel samen met de hoekige, witte buitenkant. Met het glanzend witte EYE heeft de Noordelijke IJ-oever eindelijk een eigentijdse eyecatcher.

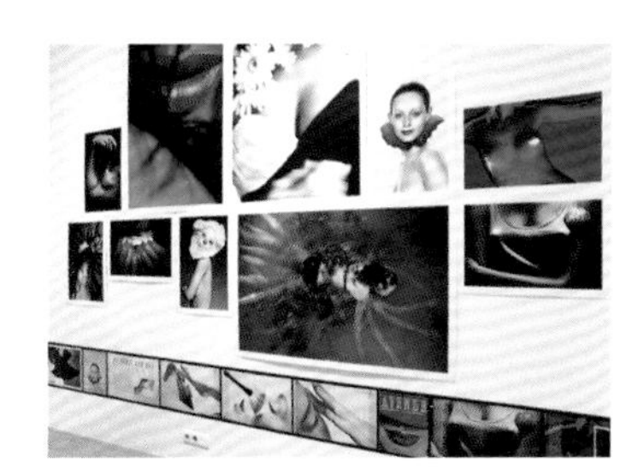

RIJKSMUSEUM
MUSEUMSTRAAT 1
1071 XX AMSTERDAM
(0900) 0745
RIJKSMUSEUM.NL

Het zal niemand zijn ontgaan: het Rijksmuseum is weer open. De nationale schatkamer biedt naast de grote meesters ook een indrukwekkend overzicht van allerhande kunstnijverheid uit voorgaande eeuwen – van peperdure poppenhuizen tot een unieke wapencollectie – ook een beknopt overzicht van design in de twintigste eeuw met werk van grootheden als Gerrit Rietveld, Constant en Friso Kramer maar ook hedendaagse ontwerpers als Maarten Baas en Joris Laarman. Het Rijksmuseum heeft zich gevestigd in het rijtje illustere musea als het Prado, Victoria & Albert en de Hermitage – dankzij de weergaloze renovatie door het Spaanse architectenbureau Cruz y Ortiz.

STEDELIJK MUSEUM AMSTERDAM
MUSEUMPLEIN 10
1071 DJ AMSTERDAM
(020) 5732911
WWW.STEDELIJK.NL

Meer dan zeven jaar duurde de uitbreiding van het Stedelijk Museum en al die tijd was het monumentale gebouw aan het Museumplein gesloten. Maar nu kan het vermaarde museum voor moderne kunst eindelijk wraak nemen met de waanzinnige aanbouw van de architecten Benthem & Crouwel. Bijzonder is ook het museumcafé dat is ingericht door ontwerpbureau Concern.

insider tips

THE ROAST ROOM
EUROPAPLEIN 2
1078 GZ AMSTERDAM
THEROASTROOM.NL

De nadruk ligt op schilderkunst en installaties uit de tweede helft van de twintigste eeuw, met topstukken van Kazimir Malevitsj, Barnett Newman en Bruce Nauman. Ook beschikt het museum over de grootste designcollectie van de Nederlandse musea met werk van Gerrit Rietveld en Hella Jongerius, en een grote fotografiecollectie met onder andere werk van Rineke Dijkstra.

Studio Drift bestaat uit ontwerpers Ralph Nauta en Lonneke Gordijn. Het werk van deze ontwerpstudio slaat een brug tussen natuur en technologie. Hun bekendste werk *Fragile Future* is een ledlamp die zich als een klimop vertakt over een muur of plafond. Op de leds zitten de pluisjes van een paardenbloem. Voor het restaurant in het Rijksmuseum ontwikkelden Nauta en zijn partner een serie lampen van opbollend kant die in een soort choreografie op en neer dansen.

'Heerlijk Amsterdams qua sfeer maar ongekend in afwerking en detail is The Roast Room naast de RAI. Het is een restaurant op een plek die je niet verwacht. Bovendien tot op de laatste tegel ingericht door onze vriend Frederick Molenschot. Je moet alleen wel van vlees houden, want de menukaart bestaat hoofdzakelijk uit malse runderlappen of de sappigste kip van de stad van de rotisserie, de houtskoolgrill, de *broiler* of de Australische beech oven. Je kunt kiezen uit het restaurant of de meer informele Roast Bar.'

ARCAM
PRINS HENDRIKKADE 600
1011 VX AMSTERDAM
(020) 6204878
ARCAM.NL

Het architectuurcentrum van Amsterdam is gehuisvest in een van de spannendste gebouwtjes van Amsterdam. Architect René van Zuuk maakte van het paviljoen van Renzo Piano één lang gebouw met aan beide uiteinden een muur van glas. Door het gebouw een grillige knik te geven, lijkt het om zijn eigen as te draaien. Naast een informatiecentrum over architectuur in Amsterdam – Arcam beschikt over een permanente overzichtsexpositie van de architectonische highlights van Amsterdam – worden hier ook wisselende tentoonstellingen georganiseerd op het snijvlak van architectuur, mode, fotografie en productontwerp. Nieuw is de interactieve touchscreen tafel waarmee je informatie over de Amsterdamse architectuur en stedenbouw kunt oproepen. Maar alleen het gebouw zelf is al een bezoek waard.

PAKHUIS DE ZWIJGER
PIET HEINKADE 179
1019 HC AMSTERDAM
(020) 6246380
DEZWIJGER.NL

In een betonnen pakhuis in het voormalige havengebied aan de IJ-oever huist het clubhuis van de creatieve industrie van Amsterdam: cultureel centrum Pakhuis de Zwijger. In dit stijlvol gerenoveerde graanpakhuis (let op de brug die het gebouw doorsnijdt) worden naast de niet te missen maandelijkse pecha kucha's, ook exposities, lezingen en discussiepanels over mode, design en nieuwe media gehouden. In de zomer is het terras (met clandestiene barbecues) een leuke plek om verwante designgeesten te ontmoeten.

insider tips

HUIS MARSEILLE
KEIZERSGRACHT 401
1016 EK AMSTERDAM
(020) 5318989
HUISMARSEILLE.NL

CAFÉ NOL
WESTERSTRAAT 109
1015B LX AMSTERDAM
(020) 6245380
CAFENOLAMSTERDAM.NL

Huis Marseille is gevestigd in twee monumentale grachtenpanden. Het museum heeft dankzij de veertien zalen alle ruimte voor de eigen collectie, groepsshows en tentoonstellingen naast elkaar. De nadruk ligt op Nederlandse, Japanse en Zuid-Afrikaanse fotografie. Dit 'huis' voor de fotografie is van dezelfde mecenas als Museum De Pont in Tilburg en heeft daardoor een gepassioneerde uitstraling.

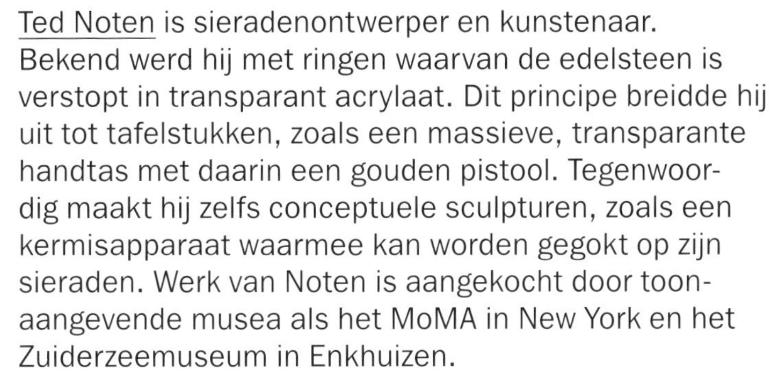

Ted Noten is sieradenontwerper en kunstenaar. Bekend werd hij met ringen waarvan de edelsteen is verstopt in transparant acrylaat. Dit principe breidde hij uit tot tafelstukken, zoals een massieve, transparante handtas met daarin een gouden pistool. Tegenwoordig maakt hij zelfs conceptuele sculpturen, zoals een kermisapparaat waarmee kan worden gegokt op zijn sieraden. Werk van Noten is aangekocht door toonaangevende musea als het MoMA in New York en het Zuiderzeemuseum in Enkhuizen.

'De Jordaan was vroeger een volksbuurt maar is tegenwoordig een yuppenwijk. Maar aan Café Nol is helemaal niets veranderd. Het is eigenlijk meer een volkstoneel, waar echte Amsterdammers kunnen optreden door het zingen van een liedje of door moppen te tappen. Het is een authentieke kroeg die nog het meeste weg heeft van een chique bordeel in Moldavië. Het hele interieur kan zo het museum van de 20ste eeuw in.'

STADSARCHIEF AMSTERDAM

VIJZELSTRAAT 32
1017 HL AMSTERDAM
(020) 2511511
STADSARCHIEF.AMSTERDAM.NL

In wat ooit het grootste gebouw van Amsterdam was, huist nu het Stadsarchief. Architectenbureau Claus & Kaan heeft het interieur van het monumentale gebouw van K.P.C. de Bazel (een tijdgenoot van H.P. Berlage) een eigentijdse aanblik gegeven. Het glas en staal vormen een spannend contrast met de rode bakstenen in de gevel. Ook zijn er interessante, wisselende (foto)tentoonstellingen te zien.

MUSEUM VAN LOON

KEIZERSGRACHT 672
1017 ET AMSTERDAM
(020) 6245255

Wil je zien met wat voor 'Dutch design' de deftige koopmannen aan de Amsterdamse grachten zich in de Gouden Eeuw omringden? Dat kan in het indrukwekkende Museum Van Loon, een tot museum gepromoveerd woonhuis uit 1672 van de architect Adriaan Dortsman. De eerste bewoner was de schilder Ferdinand Bol, een leerling van Rembrandt! De kamers zijn in authentieke staat en bevatten schilderijen, meubels, zilverwerk en porselein uit verschillende eeuwen. Achter het huis ligt een stadsoase in de vorm van een weelderige stadstuin.

GO GALLERY
PRINSENGRACHT 64
1015 DX AMSTERDAM
(020) 4229581
GOGALLERY.NL

Deze kleine funky galerie is gespecialiseerd in 'spraycan paintings' van lokale graffitikunstenaars en 'oil on canvas' van bekende grafisch ontwerpers als The London Police. Ook wordt er een kleine collectie keramisch design verkocht. De galerie is van verre te herkennen aan de grote muurtekening op het tegenoverliggende pand.

BIJZONDERE COLLECTIES UVA
OUDE TURFMARKT 129
1012 GC AMSTERDAM
(020) 5257300

Verstopt in de kelder van een universiteitspand aan de gracht bevindt zich dit overzicht van historische en ook moderne boekcollecties van de bibliotheek van de Universiteit van Amsterdam. Met in de collectie enkele van de oudste atlassen en zeekaarten ter wereld maar ook hedendaagse boekontwerpen van ontwerpiconen als Irma Boom en fotografen als Rineke Dijkstra.

GALERIE RA
NES 120
1012 KE AMSTERDAM
(020) 6265100
GALERIE-RA.NL

Galerie Ra is een instituut als het gaat om contemporain sieraadontwerp. De galerie opende in 1976 en heeft een internationale reputatie opgebouwd met avontuurlijke sieraden, soms nauwelijks draagbaar, meestal licht provocatief zoals armbanden van plastic maar ook zeer verfijnde ringen van zuiver goud. Af en toe zijn er ook serviezen of andere items van edelmetaal te zien.

GALERIE ROB KOUDIJS
ELANDSGRACHT 12 HUIS
1016 TV AMSTERDAM
(020) 3318796
GALERIEROBKOUDIJS.NL

De internationaal vermaarde galerie van de Amsterdamse ontwerper Rob Koudijs is een 'room for contemporary jewelry'. Wat in de praktijk betekent dat niet alle sieraden *on show* ook meteen te dragen zijn. Hier vind je als het ware het 'Droog van het sieraaddesign'.

TUSCHINSKI
REGULIERSBREESTRAAT 26
1017 CN AMSTERDAM
(0900) 1458

Deze bioscoop uit 1921 is het mooiste (en bijna het enige) art-decogebouw in Amsterdam. De bouwkosten bedroegen destijds 2 miljoen gulden – omgerekend naar nu pakweg 75 miljoen euro. Overdaad is dan ook de beste omschrijving van het weelderige houtsnijwerk, de groene geglazuurde tegels en keramische sculpturen, her en der verfraaid met smeedijzeren decoraties en lampen. Minder verrassend is helaas het filmaanbod van internationale blockbusters.

MUSEUM HET REMBRANDTHUIS
JODENBREESTRAAT 4
1011 NK AMSTERDAM
(020) 5200400
REMBRANDTHUIS.NL

Wil je zien hoe de grootste van de Grote Meesters leefde en werkte? In dit huis woonde Rembrandt van 1639 tot 1658. Het huis is grotendeels in authentieke sfeer teruggebracht. Naast de tientallen pentekeningen en schetsen kun je zien hoe Rembrandt zijn verf mengde en de doeken opspande. Jammer genoeg zijn van zijn *Wunderkammer* – destijds de grootste verzameling curiosa van de Lage Landen – slechts enkele stukken bewaard gebleven.

TASSENMUSEUM HENDRIKJE
HERENGRACHT 573
1017 CD AMSTERDAM
(020) 5246452
TASSENMUSEUM.NL

In de voormalige burgemeesterswoning uit 1664 wordt aan de hand van honderden tassen een historisch overzicht gegeven van de westerse tas vanaf de late middeleeuwen tot heden. Ook zijn er regelmatig tijdelijke exposities van eigentijdse tassenontwerpers uit binnen- en buitenland. Leuk voor mannen, een must voor vrouwen!

BEURS VAN BERLAGE
DAMRAK 243
1012 ZJ AMSTERDAM
(020) 5304141
BEURSVANBERLAGE.NL

De voormalige handelsbeurs van Amsterdam fungeert tegenwoordig als een tijdelijke expositieruimte voor beeldende kunst, mode, architectuur en design. Het gebouw, een ontwerp van de bekendste Nederlandse architect H.P. Berlage, is een attractie op zich.

STEDELIJK MUSEUM BUREAU AMSTERDAM
ROZENSTRAAT 59
1016 NN AMSTERDAM
(020) 4220471
SMBA.NL

Het SMBA is het laboratorium van het Stedelijk Museum. Wat nog te klein is voor het echte museum, maar toch de moeite waard is om te worden gesignaleerd, wordt hier gebracht. Waarmee niet gezegd is dat alle exposanten ook daadwerkelijk in het Stedelijk te zien zullen zijn. Verrassing en experiment winnen het nog weleens van publicitaire potentie – en dat is helemaal niet erg.

shop

boeken en tijdschriften

Een wereldstad als Amsterdam heeft natuurlijk een ruim aanbod van winkels met Engelse, Franse, en zelfs Duitse boeken over design. Dit zijn de plekken waar je net dat ene boek over Mondriaan, Rem Koolhaas of Marcel Wanders kunt vinden.

ATHENAEUM NIEUWSCENTRUM
SPUI 14-16
1012 XA AMSTERDAM
(020) 5141470
ATHENAEUMNIEUWSCENTRUM.BLOGSPOT.COM

Meer een kiosk dan een echte boekwinkel. Maar het internationale aanbod magazines in deze veredelde kiosk is onovertroffen. Als het Nieuwscentrum het niet heeft, dan wordt het lastig om het alsnog te vinden in Amsterdam. De boekwinkel ernaast met dezelfde naam heeft voornamelijk (wereld) literatuur.

ARCHITECTURA & NATURA
LELIEGRACHT 22-H
1015 DG AMSTERDAM
(020) 6236186
ARCHITECTURA.NL

In de afgelopen zestig jaar is Architectura & Natura uitgegroeid tot hét adres in boeken over design, (landschaps) architectuur en natuurhistorie. Zowel de professional als de geïnteresseerde leek komt hier aan zijn trekken. Naast een boekwinkel zijn ze ook uitgever van specialistische maar verfijnde boeken.

MENDO
BERENSTRAAT 11
1016 GG AMSTERDAM
MENDO.NL

Mendo is misschien niet de grootste boekhandel, maar het assortiment is van wereldklasse. Bij Mendo vind je alleen de allermooiste en allerbeste boeken over kunst, design, fotografie, mode en architectuur. Drijvende kracht achter de winkel zijn twee grafisch vormgevers die zelf nergens in Amsterdam de boeken van hun smaak konden vinden. Dus besloten ze in 2002 dan maar zelf een boekwinkel te openen. Met uitsluitend de coolste boeken over visuele cultuur. 'A candy store for book aficionado's', zoals ze zelf zeggen. De winkel zelf is overigens ook een design statement – het ontwerp is van architectenbureau Concrete, we kennen ze van hotel citizenM en restaurants Envy en Nevy.

BOEKHANDEL ROBERT PREMSELA
VAN BAERLESTRAAT 78
1071 BB AMSTERDAM
(020) 6624266
PREMSELA.NL

Naast een indrukwekkend aanbod van boeken over kunst, design en architectuur is dit ook de winkel waar je de meest uiteenlopende literatuur over deze thema's vindt en natuurlijk catalogi over exposities aan de andere kant van de wereld. En anders hebben ze het misschien wel in het antiquariaat. Hebben ze het echt niet in de winkel, dan zoeken ze net zo lang tot ze het voor je kunnen bestellen en per post thuis kunnen sturen. Want qua klantvriendelijkheid is dit misschien wel de beste winkel van Amsterdam.

overtoom

FRIDAY NEXT
OVERTOOM 31
1054 HB AMSTERDAM
(020) 6123292
FRIDAYNEXT.COM

Tot voor kort was de Overtoom een weinig interessante straat waar je zo snel mogelijk met de auto of tram doorheen reed. Tegenwoordig heeft deze straat de hoogste concentratie woonwinkels van Amsterdam. Het verschil in kwaliteit is even groot als het aanbod. Een dwarsdoorsnede:

Een van de betere interieurwinkels in Amsterdam. Niet groot maar met labels als Established & Sons, Fritz Hansen en diverse meubels en accessoires van zelfstandig producerende (Dutch) designers is elk item spot on. Niet te missen!

HIP WONEN
OVERTOOM 412
1054 JT AMSTERDAM
(020) 6161300
HIPWONEN.NL

Geen merken maar wel pakkende meubels voor een betaalbare prijs. Kortom, niet voor de snob maar wel voor de koopjesjager.

FABRICATI
OVERTOOM 398
1054 JS AMSTERDAM
(020) 6184701
FABRICATI.COM

Ideale winkel voor de krappe beurs. Fabricati verkoopt allerhande designmeubels die zijn geïnspireerd op klassiekers als het sloophout van Piet Hein Eek en de befaamde buizenmeubels van de Nederlandse producent Gispen.

de 9 straatjes

HESTER VAN EEGHEN
HARTENSTRAAT 1 & 37
1016 BZ AMSTERDAM
(020) 6269212
HESTERVANEEGHEN.COM

De negen straatjes die de vier grote grachten met elkaar verbinden, zijn door de grote dichtheid aan speciaalzaakjes uitgegroeid tot een Amsterdams instituut. Of je nu op zoek bent naar sieraden, kleding, vinylplaten of een kinky leren string, de kans is groot dat je hier, in deze myriade van kleine straatjes, vindt wat je zoekt.

Leather designer Hester van Eeghen verkoopt louter eigen ontwerpen in deze delicate winkel. Haar veelal geometrisch gevormde schoenen en tassen balanceren tussen ingetogen en opgetogen maar zijn altijd kleurrijk.

DR. WONEN
HARTENSTRAAT 27
1016 CA AMSTERDAM
(020) 4892808

Geen grote merken of bekende ontwerpers maar niettemin een bijzondere collectie die deze kleine winkel biedt. Alle lampen, kasten en accessoires zijn met de hand gemaakt van uitsluitend natuurlijke materialen.

VAN RAVENSTEIN
KEIZERSGRACHT 359
1016 EJ AMSTERDAM
(020) 6390067
VAN-RAVENSTEIN.NL

Een begrip onder de hoofdstedelijke fashionista's, dankzij het eigenzinnige aanbod van Nederlandse en Belgische ontwerpers als Viktor & Rolf, Dries van Noten en Ann Demeulemeester, aangevuld met de collecties van internationale merken als Balenciaga en Givenchy. Ook is er een beperkt aanbod jong talent.

POL'S POTTEN
KNSM-LAAN 39
1019 LA AMSTERDAM
(020) 4193541
POLSPOTTEN.NL

Verkopen ze er potten uit Cambodja? Nauwelijks. En klompen en tulpen ook al niet. Maar wat ze wel verkopen zijn houten krukjes en aardewerk vazen – voor binnen én buiten. En lampen van aardewerk maar ook van ijzer en stof. Pol's Potten is een oud pakhuis aan het IJ dat is volgestouwd met porselein en glaswerk, meubels, lampen, accessoires, maatwerkkeukens, sieraden en boeken. Hier vind je echt alles voor het interieur; soms subtiel, dan weer een beetje gek, maar altijd vernieuwend. En alles is geworteld in de Nederlandse designtraditie. Ontwerpers als Wieki Somers, Bert Jan Pot en Maarten Baas zijn vertegenwoordigd in het assortiment. Daarnaast laat Pol´s Potten ook producten van minder bekende ontwerpers uitvoeren in Azië in lokale ambachtstechnieken en materialen. En dat is misschien wel precies waarom deze ontwerpen zich over de hele wereld thuis voelen.

BEBOB
HERENSTRAAT 8
1015 CA AMSTERDAM
(020) 6245763
BEBOB.EU

De oudste en best geïnformeerde vintage winkel van Amsterdam. Prachtig gesitueerd in de Jordaan biedt deze winkel een ruim internationaal aanbod vintage uit vooral de jaren 50 en 60. Verwacht veel Saarinen, Eames en Colombo.

MATTER .OF MATERIAL
KERKSTRAAT 163
1017 GG AMSTERDAM
(020) 7770707
MATTEROFMATERIAL.COM

insider tips

SKINS COSMETICS
SKINS.NL
CONCERTO
CONCERTO.NL

De nieuwste trend in het Amsterdamse winkelaanbod is de *curated shop* waarbij de smaak van de eigenaar bepalend is. Matter .of Material is zo'n designwinkel die is opgericht door eigenaar Arne Leliveld. Verkocht worden onder meer een keramische wandinstallatie van kunstenaarsduo rAr en vazen van Hella Jongerius. Leliveld leerde de kneepjes van het vak overigens bij Frozen Fountain, de Amsterdamse designshop waarvan het assortiment al *curated* was voordat de tem in zwang raakte.

Carole Baijings en Stefan Scholten werken als duo Scholten & Baijings voor bekende merken als Moroso, Hay en Moustache. In hun eigenzinnige producten combineert het duo minimale vormen en een afgewogen kleurgebruik met de toepassing van zowel traditionele ambachten als industriële productietechnieken.

'Skins Cosmetics in een van de 9 Straatjes verkoopt mooie en unieke (internationale) producten op het gebied van huidverzorging, parfums en make-up. Hier loop je weg met een persoonlijke geur van het merk Creed, Diptyque of Frederic Malle! De service is uitstekend en persoonlijk. Waar we ook graag binnenlopen is Concerto, een nostalgische platenwinkel met een up-to-date muziekaanbod. Gelegen in ook al zo'n leuke winkelstraat, de Utrechtsestraat.'

DE HALLEN
DEHALLEN-AMSTERDAM.NL

In een voormalige tramremise huist tegenwoordig de eigentijdse supermarkt De Hallen. In de oude werkplaatsen zitten nu kleine bedrijfjes die lokaal produceren, zoals de 'groene' fietsenmakerij Recycle, een galerie, een bierbrouwerijtje en een chocolatier. Daarnaast is er een Foodhall met een groot terras. In deze industriële loodsen zijn de restaurants Meat West, Halte 3 en Remise 47 en een hotel gevestigd. Eén keer per maand is er bovendien een Local Foodmarket, met etenswaren die uitsluitend in een straal van 10 kilometer om Amsterdam zijn vervaardigd. Ook wil De Hallen zich op de kaart zetten als een internationale *denim hub* met een modeopleiding gespecialiseerd in spijkerstof en Denim City, een collectief van modemerken, een denimarchief en een werkplaats. Ten slotte biedt het complex ook ruimte aan een bioscoop, tv-studio's, zaalverhuur en een bibliotheek annex leescafé.

WONDERWOOD
RUSLAND 3
1012 CK AMSTERDAM
(020) 6253738
WONDERWOOD.NL

In de wondere wereld van WonderWood is alles van hout. Je vindt er design, meubels, kunst, accessoires en gadgets. Indrukwekkend is de collectie plywood stoelen uit de jaren 40, 50 en 60, en de nog grotere collectie re-editions van plywood designklassiekers van bijvoorbeeld Ilmari Tapiovaara, een Finse grootmeester als het gaat om gelamineerd hout. Behalve veel vintage verkoopt WonderWood ook nieuwe designmeubels.

ART DECO DJOEKE WESSING
DE HALLEN, HAL 17
HANNIE DANKBAAR PASSAGE 21
(HOEK TOLLENSTRAAT)
1053 RT AMSTERDAM
WESSING.NL

Ervaar *the roaring twenties* in de winkel van Djoeke Wessing. Deze interieurzaak heeft een uniek aanbod in lampen en stoffen in art deco en jugendstil.

OODE
SINGEL 159A
1012 VK AMSTERDAM
DUTCHDESIGNYEAR.COM/OODE

Oode is gehuisvest in een ouderwetse opkamer in een monumentaal grachtenpand. Het aanbod bestaat uit kunst die afkomstig is uit het depot van een museum of een openbare kunstinstelling die door bezuinigingen zijn gedwongen om een deel van hun collecties te verkopen. Deze 'verweesde' kunst wordt aangevuld met een zorgvuldige selectie Dutch design, zoals papieren vazen van Pepe Heykoop en stoelen van recycleplastic van Dirk van der Kooij.

SPRMRKT
ROZENGRACHT 191
1016 LZ AMSTERDAM
(020) 3305601
SPRMRKT.NL

Hoeveel goede smaak samengeperst in één lange pijpenla kan een mens verdragen? Heel veel, zo blijkt na een bezoek aan SPRMRKT. Eigenaar Nel Strijkers was ooit jarenlang de baas van het succesvolle modefotoagentschap NEL (met ander anderen Morad Bouchakour) totdat ze besloot dat een fashion outlet toch meer haar ding was. In SPRMRKT staan enkele welgekozen vintage meubels en rekken met al even welgekozen kleding van bekende en aanstormende ontwerpers. Verwacht Martin Margiela naast Henrik Vibskov.

THINKING OF HOLLAND
PIET HEINKADE 23
1019 BR AMSTERDAM
(020) 4191229
THINKINGOFHOLLAND.COM

Een giftshop die alleen Nederlands design-souvenirs verkoopt en strategisch is gelegen naast de International Passenger Terminal in Amsterdam? Die moet wel kitsch verkopen, denk je dan. Toch niet! Denk aan Nederlands design, maar dan in een toegankelijke prijsklasse en bovendien klaar voor gebruik. Vertegenwoordigd zijn labels zoals Moooi, Goods, Royal VKB en natuurlijk Delfts blauw van de Porceleyne Fles. Maar voor de liefhebbers zijn er ook verschillende Nijntjeproducten en een paar kleine klompjes.

MOBILIA WOONSTUDIO
UTRECHTSESTRAAT 62-64
1017 VR AMSTERDAM
(020) 6229075
MOBILIA.NL

Al meer dan een kwart eeuw stellen design aficionado's uit de Amsterdamse binnenstad hun interieur samen aan de hand van de winkelinhoud van Mobilia. Zeer sfeervolle winkel waarin het heerlijk struinen is met een uitgekiende selectie grote, commerciële labels als Droog, Dutch Originals en Moooi en internationale merken als Vitra en Cappelini.

EDHA
WILLEMSPARKWEG 5-9
1071 GN AMSTERDAM
(020) 6732401
EDHA-INTERIEUR.NL

Bij Edha is het winkelaanbod met passie geselecteerd uit de collecties van grote Italiaanse merken als Floss, Artemide, Moroso en Edra. In het uitbundige winkelinterieur gaan ethnic chic en het gortdroge Dutch modernism hand in hand. Ook veel leuke accessoires, waaronder zelfs asbakken en thermoskannen. Een winkel om vrolijk van te worden.

ANNO DESIGN
WESTERSTRAAT 35-37
1015 LT AMSTERDAM
(020) 4212623
ANNODESIGN.NL

Kleine maar fijne interieurwinkel die hedendaags (Nederlands) modernisme combineert met vintagemeubels in een uitstekende conditie. Hier geen tweedehandse exotica maar uitsluitend design met een hoofdletter D. De absolute parel in de collectie is de Lloydtafel die oorspronkelijk werd ontworpen voor het Lloyd Hotel in Amsterdam (zie 'sleep').

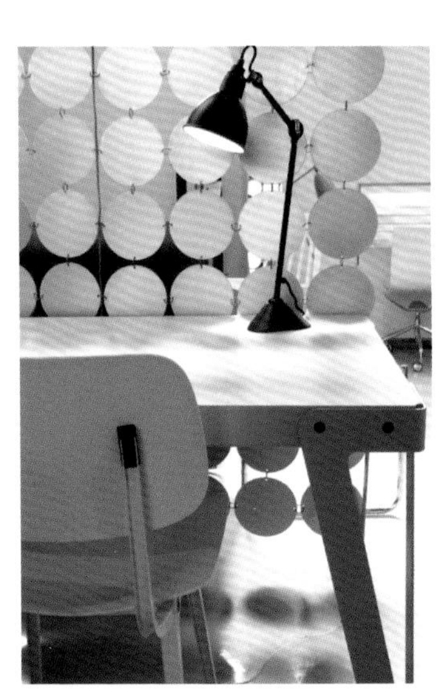

UNITED NUDE
SPUISTRAAT 125A
1012 SM AMSTERDAM
(020) 6260010
UNITEDNUDE.COM

United Nude is het schoenenmerk van designer Rem D Koolhaas (inderdaad, familie van, een neefje om precies te zijn). De schoenen zijn te koop in meer dan veertig landen wereldwijd en United Nude heeft een booming retailbusiness met flagshipstores in Amsterdam, New York en Shanghai. Het interieur van de Amsterdamse winkel – waarin alles zwart is, behalve de displaywand waarin de schoenen staan – is ontworpen door de jonge Koolhaas zelf.

HANS APPENZELLER
GRIMBURGWAL 1
1012 GA AMSTERDAM
(020) 6268218
APPENZELLER.NL

In 1969 opende Hans Appenzeller de eerste sieradengalerie in Nederland. Appenzeller is zelf ook ontwerper en vervaardigt in zijn eigen studio sieraden van avontuurlijke materialen als aluminium en rubber, steeds met draagbaarheid als uitgangspunt. In zijn winkel zijn al zijn ontwerpen vanaf 1969 te koop.

ART & FLOWERS
KNSM-LAAN 6
1019 LL AMSTERDAM
(020) 4192273
ARTANDFLOWERS.NL

Design maken van bloemen, laat dat maar aan deze twee Dutchies over. Na tulpen is design immers zo ongeveer het bekendste exportproduct. De creaties van Eduard Kortbeek and Marcellus Slaib de Souza variëren van een geometrisch boeket van kale takken tot een kleurenexplosie van tientallen verschillende bloemen.

DESIGN 020
PEDRO DE MEDINALAAN 89-91
1086 XP AMSTERDAM-IJBURG
(020) 3987993
DESIGN020.NL

In de nieuwe buitenwijk IJburg vind je designwinkel 020, een verwijzing naar het netnummer van Amsterdam: 020. Het assortiment bestaat uit Nederlandse topmerken als Palau en Arco en bekende buitenlandse designlabels als Vitra en Kartell. Vanaf het dakterras heb je een waanzinnig uitzicht op het IJsselmeer en in de verte de skyline van Amsterdam. De winkel is tevens een startpunt voor een architectuurwandeling door deze nieuwbouwwijk. De winkel is eenvoudig te bereiken met tram 26 vanaf het Centraal Station.

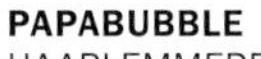

PAPABUBBLE
HAARLEMMERDIJK 70
1013 JE AMSTERDAM
(020) 6262662
PAPABUBBLE.NL

Designsnoep? Zeker weten. In deze winkel is het aloude ambacht van snoep maken tot een kunst verheven. Van Pinokkio tot Picasso – elke wereld wordt gereproduceerd met louter suiker, water en glucose.

HUTSPOT
VAN WOUSTRAAT 4
1073 LL AMSTERDAM
(020) 2231331
ROZENGRACHT 204-210
1016 NL AMSTERDAM
(020) 3708708
HUTSPOTAMSTERDAM.NL

Hutspot is een conceptstore maar dan ook in de letterlijke betekenis. Er is één helder concept en dat is: alles wat de drie eigenaren leuk vinden. Jonge couturiers, meubelmakers, sieradenontwerpers en kunstenaars wordt met deze winkel een platform geboden. In drie jaar tijd is het concept verspreid over verschillende filialen in de stad. De Hutspot aan de Van Woustraat – het oudste en grootste filiaal – is inmiddels uitgebreid met een Bar Hutspot waar je kunt eten en borrelen. Daarnaast worden er meubels verkocht van Zo Goed Als Oud en mode van Won Hundred en On Tour.

eat & drink

VEL
REDDINGSBRIGADE

oost west, noord best

Lange tijd was het stadsdeel Noord afgesneden van de rest van Amsterdam. Maar de sjofele arbeidersbuurt is veranderd in een trendy hotspot met eigenzinnige restaurants en stoere cafés. Geen afgewerkte designlounges maar do-it-yourselfcafés opgetrokken uit juttershout en oude zeecontainers.

PLLEK
TT NEVERITAWEG 59
1033 WB AMSTERDAM
(020) 2900020
PLLEK.NL

Een voormalige scheepsloods op het NDSM-terrein (waar ook MTV en Red Bull kantoor houden) is verbouwd tot stoer restaurant. Het brede terras is misschien wel het mooiste van Amsterdam met onbelemmerde uitzichten op de stad vanaf de IJ-oever. En de voeten in het zand, want er is een strandje opgespoten. Als de avond valt zijn er dj's en bij droog weer is er zelfs een kampvuur.

HOTEL DE GOUDFAZANT
AAMBEELDSTRAAT 10 H
1021 KB AMSTERDAM
(020) 6365170
HOTELDEGOUDFAZANT.NL

Laat je niet in verwarring brengen door de naam, De Goudfazant is geen hotel maar een restaurant. Een oude fabrieksloods op een industrieterrein is het decor voor dit avontuurlijke restaurant. Geen wonder dat het de hang-out is van de überhippe incrowd. Ondanks het ruige uiterlijk is de keuken voortreffelijk met veel Franse klassiekers als vissoep en entrecote. Het kan er erg druk zijn. Dan is Café Modern van dezelfde eigenaren en slechts enkele straten verderop een goed alternatief (Meidoornweg 2, www.modernamsterdam.nl).

DE CEUVEL
KORTE PAPAVERWEG 4
1032 KB AMSTERDAM
DECEUVEL.NL

Op de vervuilde grond van een voormalige scheepswerf zijn afgedankte woonarken aan land gesleept en opgeknapt tot kantoorruimte. De woonarken zijn met elkaar verbonden middels steigers boven de vervuilde grond, die wordt gezuiverd met speciaal geselecteerde planten die gif afbreken. Een voormalige keet van de strandwacht in Scheveningen is verbouwd tot eetcafé met biocola en een uitgebreide vegakaart.

NOORDERPARKKAMER
FLORAPARKWEG
1032 BZ AMSTERDAM
(020) 7370457
NOORDERPARKKAMER.NL

Dit paviljoen is geheel opgetrokken uit tweedehands bouwmateriaal van Marktplaats en is prachtig gelegen in een van de mooiste maar minst bekende parken van Amsterdam, het Noorderpark. In de zomer zijn er klassieke concerten, jazzjamsessies en tweedehandsmarktjes. Maar ook een leuke plek om even aan de drukte van de stad te ontsnappen. In 2016 wordt er in dit park een tweede paviljoen gebouwd dat geheel is vervaardigd van afvalplastic uit de buurt.

concrete

MAZZO
ROZENGRACHT 114
1016 LV AMSTERDAM
(020) 3446402

De hofleverancier van de Amsterdamse horeca is architectenbureau Concrete. Toch heeft elk ontwerp van hun hand een geheel eigen 'look and feel'.

De roemruchte discotheek Mazzo is getransformeerd tot een trattoria in New Yorkse stijl, maar dan met een knusse Chesterfieldsofa van tien meter lang en een menu dat met krijtjes op de muur is geschreven. Authentieke groentekratjes bij de keuken zorgen voor een oud-Amsterdamse sfeer. Kosmopolitische knusheid – het werkt, want Mazzo zit avond aan avond vol.

ENVY
PRINSENGRACHT 381
1016 HL AMSTERDAM
(020) 3446407
ENVY.NL

Niet voor de grote trek maar voor lekkere trek in heerlijke liflafjes en fantastisch fingerfood. Onze favoriet: tartaar van gamba's en zwezerik met mais. Zo smaken en ogen tapas als ze in Noord-Europese stijl worden geserveerd. Het interieur bestaande uit een lange kookbar waarop hammen en andere delicatessen zijn uitgestald, staat geheel in dienst van het eten.

NOMADS
ROZENGRACHT 133
1016 LV AMSTERDAM
(020) 3446401
NOMADS.NL

Bij Nomads is het interieur en eten gedrenkt in Arabische sferen. Bij binnenkomst worden je schoenen aangenomen en eten doe je er zittend (of liggend) op satijnen kussens. Tussen de gangen door word je getrakteerd op een traditionele buikdanseres. De rest van de tijd is ook de muziek een mix van oost (trommels en toeters) en west (housebeats).

VYNE
PRINSENGRACHT 411
1016 HM AMSTERDAM
(020) 3446408
VYNE.NL

Zoals de naam al aangeeft, komt bij Vyne niet het eten maar de wijn op de eerste plaats. De muren van deze pijpenla aan de gracht bestaan uit een grote wijnkoeler. Strikt genomen is dit dan ook geen restaurant maar een wijnbar met een goede keuken.

insider tips

RESTAURANT TOSCANINI
LINDENGRACHT 75
RESTAURANTTOSCANINI.NL
SNACKBAR BIRD
ZEEDIJK 72-74
THAI-BIRD.NL

DE KAS
KAMERLINGH ONNESLAAN 3
1097 DE AMSTERDAM
(020) 4624562
WWW.RESTAURANTDEKAS.NL

Rob Wagemans is medeoprichter en directeur van Concrete Architectural Associates. Dit ontwerpbureau heeft zo'n beetje de gehele trendsettende horeca in Amsterdam ingericht. Bekende Concrete-concepten als de Supperclub en het citizenM hotel zijn inmiddels geëxporteerd naar wereldsteden als Singapore, Istanbul, Los Angeles en Londen.

'Toscanini staat voor eerlijk Italiaans eten in een omgeving waar design geen rol speelt. Voor mij de plek om creëren en eten te combineren, mede omdat ze papieren tafellakens hebben waar ik op kan schetsen en die ik – met hersenspinsels én etensresten – mee naar huis kan nemen. In Snackbar Bird waan je je even in Thailand. De hectiek, de smaken, de geuren en de eenvoud. Mijn favoriet is de Tom Ka Kai. Daar kan menig restaurant in Thailand nog een puntje aan zuigen.'

Misschien wel uniek in de hele wereld. In De Kas eet je niet alleen in, maar ook uit een broeikas. De groenten en kruiden op het bord zijn allemaal afkomstig uit deze kas en de naastgelegen moestuin. Bij goed weer staan er ook tafels buiten opgesteld. De open keuken ligt in de kas dus schrik niet op als je een van de koks door het groen ziet schuifelen om rozemarijn te snoeien voor jouw lamsbout. Ook de overige ingrediënten zijn volledig biologisch. Er is geen menukaart maar er is een (bijna) dagelijks wisselend en dus supervers menu dat is samengesteld uit de oogst van de dag. Het vijfgangenmenu bestaat altijd uit een selectie van kleine voorgerechten, een hoofdgerecht en een dessert. Het interieur is een prettige mix van strak design met warme boerengezelligheid – aan het plafond hangen lampen van Moooi.

DAUPHINE
PRINS BERNHARDPLEIN 175
1097 BL AMSTERDAM
(020) 4621646
CAFERESTAURANTDAUPHINE.NL

Een voormalige Citroëngarage is omgetoverd tot een stijlvol restaurant dat vooral in trek is bij internetondernemers en journalisten. Diverse nieuwe-mediabedrijven en de redacties van het grootste financiële dagblad en het zakelijke radiostation BNR zijn in hetzelfde pand gevestigd, vandaar. De industriële uitstraling is intact gehouden en vormt een fraai contrast met de stijlvolle inrichting. Met meer dan tweehonderd zitplaatsen oogt het voor sommigen wellicht wat groot. Maar in Dauphine bubbelt en bruist het als nergens anders. Er wordt aan elkaar gesnuffeld, onderhandeld en maar al te vaak worden er deals beklonken. Nergens in Amsterdam is de sfeer van de Londonse City of downtown Manhattan zo tastbaar als hier. Elke vrijdag is er livemuziek in de sfeer van een New Yorkse nachtclub.

DE CULINAIRE WERKPLAATS
FANNIUS SCHOLTENSTRAAT 10
1051 EX AMSTERDAM
(06) 54646576
DECULINAIREWERKPLAATS.NL

Van het interieur moet De Culinaire Werkplaats het niet hebben. Het oogt inderdaad als een kookwerkplaats. Het design van wereldklasse ligt op je bord. Hier wordt door een echtpaar met liefde geëxperimenteerd met nieuwe ingrediënten en thematische menukaarten als Hollandse landschappen of Het Bord Van De Toekomst maar ook meer basic inspiratiebronnen als water of zwart-wit. De menukaart verandert voortdurend en in tegenstelling tot de culinaire ambities is de sfeer juist ongedwongen. Aangezien het echtpaar druk is met koken en opmaken mag je zelf de wijn inschenken. Een rekening krijg je ook al niet; je mag na afloop zelf bepalen wat het eten je waard was. De Culinaire Werkplaats is alleen op vrijdag en zaterdag open en reserveren is verplicht.

BAR BAARSCH
JAN EVERTSENSTRAAT 91
1057 BS AMSTERDAM
(020) 6181970
BARBAARSCH.NL

Uitgerekend in de Baarsjes, een rommelig stadsdeel met een nogal moeilijke reputatie, vind je de überhippe Bar Baarsch. Het interieur is een eclectische mix van vintage design en do-it-yourselfdecor; het menu staat met krijt op de pilaren. Niet chique, wel spannend.

HARKEMA
NES 67
1012 KD AMSTERDAM
(020) 4282222
BRASSERIEHARKEMA.NL

De trekker van Harkema is het verrassende interieur in een voormalige tabaksfabriek in een van de oudste straatjes van Amsterdam. Door de grote dakramen is de eetzaal overdadig verlicht. De blikvanger is het vier meter hoge, ijzeren gordijn achter de bar. De traditionele bistrokaart steekt bij dit visuele bombast wat schril af.

CAFÉ GEORGE
LEIDSEGRACHT 84
1016 CR AMSTERDAM
(020) 6260802
CAFEGEORGE.NL

De meest klassieke onder de Amsterdamse brasserieën (en dat zijn er nogal wat, want de brasserie is hot in Amsterdam). Witte tegels aan de muren, houten tafels op een granieten vloer en een kaart met bisque, steak tartare en andere classics. Er zijn inmiddels vier filialen. Onze favoriet is de oudste en grootste aan de Leidsegracht.

BURGERMEESTER
ELANDSGRACHT 130
1016 VB AMSTERDAM
(0900) 2874377
BURGERMEESTER.EU

Binnen vijf jaar is de Burgermeester (een Nederlandse woordspeling op het Engelse mayor) van een grappig nieuw concept – de 'culinaire burger' – uitgegroeid tot een keten met inmiddels vijf, maar binnenkort waarschijnlijk nog veel meer filialen. Geen Hawaïburger maar een Andalusian burger met chorizo, pepperoni's en schapenkaas. Ideaal voor de snelle, lekkere snack. De meest centrale is op de Elandsgracht.

insider tips

BRIDGES
OUDEZIJDS VOORBURGWAL 197
1012 EX AMSTERDAM
(020) 5553560
BRIDGESRESTAURANT.NL

Bridges is het gloednieuwe visrestaurant dat hoort bij het vijfsterrenhotel The Grand. Een overdadige kaart (twaalf bladzijden, wijn niet meegerekend!) en een dito interieur. Dankzij de naastgelegen geheel witte cocktailbar oogt het futuristischer dan de kaart is.

ARTDELI
ROKIN 93
1012 KM AMSTERDAM
ART-DELI.NL

Lex Pott is productontwerper met een intuïtieve en onderzoekende stijl. Hij kiest vaak één ruw materiaal dat hij vervolgens uitdiept met experimentele processen, waarbij de natuur letterlijk zijn werk mag doen. Zo laat hij spiegels verouderen door ze met chemicaliën te behandelen en laat hij hout zandstralen, zodat alleen de harde knoesten en jaarringen overblijven. Met dit ambachtelijke maakproces en het eerlijke materiaalgebruik biedt Pott een transparant alternatief voor de globaliserende massaproductie. Pott werkt voor internationale designlabels als Hay en &tradition.

'ArtDeli is een nieuw concept waarin cultuur en eten versmelten, zoals de naam al verraadt. Het is een ontmoetingsplek waar je gewoon een drankje kunt drinken of bijzonder kunt eten – het menu bestaat uit kleine gerechtjes, groter dan tapas maar kleiner dan een couvert. De blikvanger is de bar waarin 2.000 kilo groen marmer is verwerkt, een ontwerp van mijn hand. Maar als je verder kijkt, kun je je verdiepen in hoogwaardige kunst en design. Achterin de zaak is een expositieruimte met wisselende thema-exposities van gastcuratoren.'

NACIONAL
KLEINE-GARTMANPLANTSOEN 11A
1017 RP AMSTERDAM
(020) 2050908
NACIONAL.NL

Nacional biedt een opmerkelijke mix van Franse brasserie, Weens koffiehuis, Argentijns dranklokaal en ordinair spiegelpaleis – om elkaar goed te kunnen begluren. De muren zijn bedekt met witte tegels en er wordt gezeten op klassieke Thonetstoeltjes. Het licht komt van industriële hanglampen en de drank wordt geserveerd vanachter een prachtige monumentale houten bar. Hoewel de zaak eigenlijk een pijpenla is, voelt het door de belachelijke hoogte toch ruim en open aan.

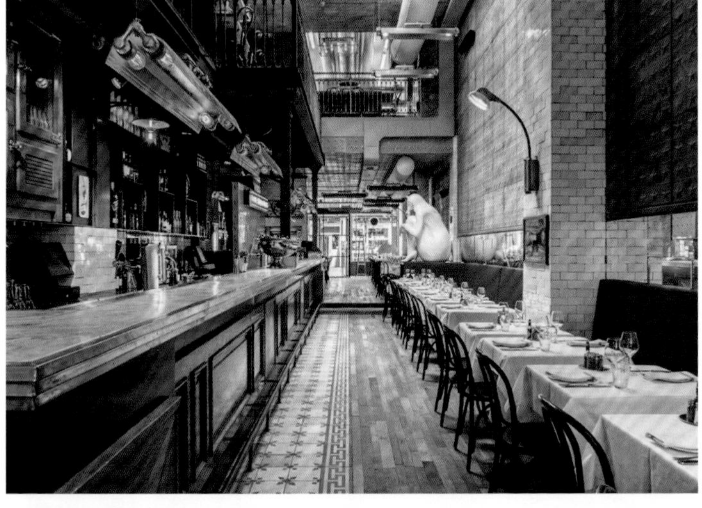

SUPPERCLUB
SINGEL 460
1017 AW AMSTERDAM
(020) 3446400
SUPPERCLUB.COM

Inmiddels een global concept met supperclubs in Londen, Istanbul, Singapore, San Francisco en Los Angeles maar het 'moederschip' ligt in Amsterdam. Wie op zoek is naar een gewoon, leuk restaurant waar je keurig kunt dineren is bij supperclub aan het verkeerde adres. Verwacht verrassingen: zo werd de steak tartare er ooit geserveerd vanuit een hondenbak en werd de romantische vioolmuziek gespeeld door een punker en begeleid door technobeats. Of eet je oesters van het lichaam van een naakte vrouw. Na afloop kan er gedanst worden in de knusse nachtclub in de kelder. Reserveren verplicht. Houd de website in de gaten, want ze verhuizen in oktober 2015 naar een nieuwe, bijzondere locatie.

SKYLOUNGE
OOSTERDOKSSTRAAT 4
1011 DK AMSTERDAM
(020) 5300875
SKYLOUNGE-AMSTERDAM.NL

Misschien wel het beste terras van Amsterdam, en dan ook nog eens sfeervol ingericht met strak designmeubilair en witte parasols met verwarming – alsof het elke dag zomer is. Het terras is gevestigd op het dak van het DoubleTree Hotel by Hilton Amsterdam Centraal Station. Het is dé plek om je af te zonderen van de stadse drukte met tegelijkertijd een onovertroffen uitzicht op diezelfde stad.

JIMMY WOO
KORTE LEIDSEDWARSSTRAAT 18
1017 RC AMSTERDAM
(020) 6263150
JIMMYWOO.COM

Een club die is ingericht als de woonkamer van de imaginaire Chinese levensgenieter Jimmy Woo. Gezeten wordt op Chinese ligbanken en de opiumtafels doen tegenwoordig dienst als onderzetter voor de vakkundig geshakete cocktails. Aan de muren hangen grote naaktfoto's van de Japanse cultfotograaf Araki. Het plafond boven de dansvloer is bedekt met meer dan tienduizend gloeilampen en figureert in een videoclip van Justin Timberlake. Als ze in de stad zijn, is Jimmy Woo ook de favoriete hang-out van popsterren als Justin Timberlake, The Neptunes en Jay Z. De club is ook bekend – berucht moeten we eigenlijk zeggen – vanwege het strenge deurbeleid.

HUGO'S BAR & KITCHEN
HUGO DE GROOTPLEIN 10
1052 KW AMSTERDAM
(020) 7516633
BARHUGO.NL

Hugo's Bar & Kitchen biedt cocktails, verfijnde barsnacks en moderne gerechten met invloeden van over de hele wereld. Het is een plek voor de buurt met de allure van een internationale moderne bar en bistro. Als het diner is afgelopen, verandert de zaak ook nog eens in een sfeervolle *speak easy*. Overal zijn intieme zithoekjes met leren banken, gecombineerd met kleine krukjes.

DE BAKKERSWINKEL
WARMOESSTRAAT 69
1012 JB AMSTERDAM
(020) 3206436
BAKKERSWINKEL.NL

De Bakkerswinkel is geknipt voor een tussenstop. Vanaf de verschillende zitplekken is de bedrijvigheid in de keuken goed te volgen. De dik belegde biologische boterhammen en soepen worden hier ter plekke gemaakt. Maar De Bakkerswinkel is inmiddels vooral bekend om zijn zelfgemaakte scones, taarten en uitgebreide high teas. Er wordt zo veel mogelijk met biologische en streekproducten gewerkt. Al net zo eerlijk en eenvoudig is het interieur, dat uit de koker komt van Piet Hein Eek. Tafels en stoelen zijn van sloophout en de toonbank van glas en metaal is speciaal voor De Bakkerswinkel ontworpen. Favoriet is de vestiging op de Warmoesstraat waar je nu op donderdag, vrijdag en zaterdag ook 's avonds kunt eten.

NJOY COCKTAILBAR
KORTE LEIDSEDWARSSTRAAT 93
1017 PX AMSTERDAM
(020) 3620335
NJOYCOCKTAILS.NL

NJOY is een bar met twee verdiepingen in een Amsterdams monumentaal pand. Het interieur, dat kan worden omschreven als retro chic, warm en sexy, is volledig bedacht door bareigenaar D. Wouterse. De benedenverdieping valt op door het ronde plafond en de roestvrijstalen bar die vanbinnen uit wordt verlicht. Op de hardhouten vloer staan tafeltjes

CAFÉ-RESTAURANT AMSTERDAM
WATERTORENPLEIN 6
1051 PA AMSTERDAM
(020) 6822666
CRADAM.NL

van mooi donker hout. Op de bovenverdieping kun je aan tafeltjes zitten die net als de bar beneden ook vanbinnen uit worden verlicht.

In een prachtige industriële ruimte – met aan het plafond zware ijzeren katrollen – is deze Franse brasserie gevestigd.

Licht en ruim maar soms wat lawaaierig. Ook goed om te weten: op zondag is het beleid kindvriendelijk.

sleep

LLOYD HOTEL
OOSTELIJKE HANDELSKADE 34
1019 BN AMSTERDAM
(020) 5613636
LLOYDHOTEL.COM

Het eerste hotel dat kamers met zowel één ster als met vijf sterren aanbiedt. De locatie is een voormalige gevangenis die verbouwd is tot een showroom voor hedendaags Dutch design. Het interieur is ontworpen door het vermaarde bureau MVRDV en het ontwerpplatform Droog is grootleverancier van het meubilair, aangevuld met klassieke ontwerpen van bijvoorbeeld Gispen. Het Lloyd kwalificeert zichzelf als een culturele ambassade: zo is er een uitgebreide bibliotheek met boeken over de historie van Amsterdam en het personeel is op de hoogte van alle culturele activiteiten en geeft advies op maat. Het hotel organiseert zelf ook diverse activiteiten, zoals themadiners, lezingen en exposities.

CONSERVATORIUM HOTEL
VAN BAERLESTRAAT 27
1071 AN AMSTERDAM
(020) 5700000
CONSERVATORIUMHOTEL.COM

Zoals de naam al aangeeft is het Conservatorium Hotel gevestigd in de voormalige muziekacademie van Amsterdam. Het bakstenen gebouw is grondig gerestaureerd. Het interieur is van de gelauwerde ontwerper Piero Lossini uit Milaan. Het gebouw is letterlijk opengebroken; de prachtige bogen in de gangen zijn gerestaureerd en de terrazzovloeren en monumentale wandtegels zijn in oude staat hersteld. De nieuwe elementen van metaal, steen, glas en hout contrasteren met de oorspronkelijke materialen als rode baksteen, natuurstenen detailleringen van de hoge, gewelfde gangen en terrazzo mozaïekvloeren. Het Conservatorium Hotel biedt een mix van klassieke grandeur en eigentijds design. Ook beschikt het over de meest luxueuze spa van de stad.

THE DYLAN
KEIZERSGRACHT 384
1016 GB AMSTERDAM
(020) 5302010
DYLANAMSTERDAM.COM

Achter de historische gevels van maar liefst drie zeventiende-eeuwse grachtenpanden huist dit kosmopolitische vijfsterren boutique hotel. Het is luxueus en verfijnd, maar ook een beetje stijf en klassiek. Het eten is er uitstekend en de 41 kamers hebben vlijmscherp design dat het oog kalmeert en de geest ontspant. Het lichaam kan worden verwend in het sterrenrestaurant en in de wellness spa. Een oase van rust voor de vermoeide designaficionado op kruistocht door het avontuurlijke en wilde Dutch design.

WOW
WILTZANGHLAAN 60
1061 HC AMSTERDAM
(020) 7059400
WOW-AMSTERDAM.NL

Aan de rand van de stad in een grauwe buitenwijk zit het budgethotel WOW. Interessanter dan de locatie en de slaapzalen zijn de exposities en performances, zoals de modeshows van studenten van de Gerrit Rietveld Academie en diverse design- en architectuurexposities. Het 'Berlijnse' gevoel wordt versterkt door de eigen moestuin en de open werkplaatsen van kunstenaars die maar al te graag over hun werk vertellen.

THE COLLEGE HOTEL
ROELOF HARTSTRAAT 1
1071 VE AMSTERDAM
(020) 5711511
THECOLLEGEHOTEL.COM

Dit opleidingshotel voor diverse hotelscholen is geknipt voor de jonge en stedelijke incrowd. Het is er casual chic, funky en luid met deephouse muziek in de lounge van de schemering tot dageraad. De chique hotelbar is een drukbezochte ontmoetingsplek – ook voor niet-hotelgasten! Vooral de vrijdagavond is populair bij de locals. In de gangen hangen kleine exposities van talentvolle fotografen. Elke laatste zondag van de maand hebben ze jazzsessies in de bar. Het restaurant is super, net als de romantische binnenplaats in de zomer. Het hotel huist in een voormalige school uit 1892.

VOLKSHOTEL
WIBAUTSTRAAT 150
1091 GR AMSTERDAM
(020) 2612100
VOLKSHOTEL.NL

Het Volkshotel is gehuisvest in het voormalige gebouw van de Volkskrant. Het interieur zit vol met verwijzingen naar dit journalistieke verleden. De functionalistische architectuur uit de jaren 60 is getransformeerd tot een budgethotel met 172 kamers, een restaurant en de nachtclub Canvas. Verder zijn er flexibele werkplekken, een broedplaats voor kunstenaars en een sauna op het dak met prachtige uitzichten. Niet luxe, maar wel veel waar voor je geld.

CITIZENM
PRINSES IRENESTRAAT 30
1077 WX AMSTERDAM
(020) 8117090
CITIZENM.COM

Dankzij de uitgekookte maar goedkope prefabarchitectuur biedt citizenM maximaal design voor een minimaal bedrag. De kamers zijn klein, maar toch sfeervol en vooral uiterst praktisch ingericht met oog voor details. De lobby is gemeubileerd met Vitrameubilair zoals de onvermijdelijke Eamesstoeltjes en meer moderne meubels van Ronan & Erwan Bouroullec en Barber Osgerby.

ART'OTEL
PRINS HENDRIKKADE 33
1012 TM AMSTERDAM
(020) 7197200
ARTOTELS.COM

De ligging is geweldig, het monumentale gebouw is prachtig en de kamers zijn meer dan comfortabel. Maar het art'otel onderscheidt zich eigenlijk vooral door de kunst van Joep van Lieshout die overal in het hotel opduikt. Schrik dus niet als er een reusachtige penis in de gang staat of als er spermatozoïden door de binnenplaats zweven.

ANDAZ
PRINSENGRACHT 587
1016 HT AMSTERDAM
(020) 523 1234
AMSTERDAM.ANDAZ.HYATT.COM

Bezoekers van het splinternieuwe hotel Andaz aan de Prinsengracht in Amsterdam zullen zich bij binnenkomst Alice in Wonderland wanen. De entree oogt als de gang van een grachtenpand met weelderig gedecoreerde plafonds en engeltjes die de hoorn des overvloeds uitschenken. Links en rechts bevinden zich diverse deuren. Met dit verschil dat de deuren amper een meter hoog zijn en dat ook de gang zelf een miniatuur is van een statig grachtenpand. Welkom in de gastvrije wereld van ontwerper Marcel Wanders. Bijna alle meubels zijn door Wanders speciaal voor dit hotel ontworpen in zijn bekende zwierige stijl. Een terugkerend thema is Amsterdam – de Delfts blauwe tegeltjes hebben een afbeelding van Metrolijn 54 en de Westertoren, en het tapijt bevat het VOC-logo. Het hotel is een *barrier free environment*: gasten worden verwelkomd met een drankje en ingecheckt op de iPad. Eten doe je er bijna in de *show kitchen*. Kortom, slapen in het Andaz (een eigentijdse vijfsterrenhotelketen van de Hyatt Group) is een belevenis.

HOTEL THE EXCHANGE
DAMRAK 50
1012 LL AMSTERDAM
(020) 5230080
HOTELTHEEXCHANGE.COM

In Hotel The Exchange is mode wel heel letterlijk als uitgangspunt genomen. Geen paspoppen met kleding op de kamers maar de kámer is de paspop. De muren en de plafonds zijn door studenten van het Amsterdam Fashion Institute (AMFI) aangekleed. Het plafond van de Rembrandtkamer is geïnspireerd op de witte geplooide kragen die de koopmannen op zijn schilderijen dragen; het interieur is afgewerkt met antieke meubels. De T-shirtkamer is juist ingetogen en bekleed met gekreukelde witte stof.
De kamers variëren van één tot vijf sterren; ook komen alle stijlen aan bod, van uitbundig tot eenvoudig. De naam The Exchange is een knipoog naar de Beurs van Berlage, die tegenover het hotel ligt. Het restaurant op de begane grond heet Stock en heeft een balie van tegels die ogen als goudstaven. Het bijbehorende warenhuis heet Options en verkoopt modeaccessoires en design.

architectuurwandeling de ij-oevers

De Amsterdamse IJ-oevers zijn de afgelopen tien jaar ingrijpend veranderd door een ambitieus stedenbouwkundig plan waaraan de bekendste Nederlandse architecten een bijdrage hebben geleverd. Deze wandeling voert u langs de architectonische landmarks aan het IJ.

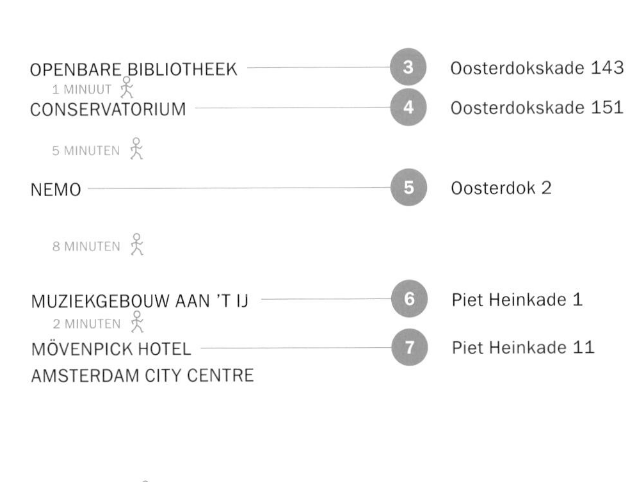

21 MINUTEN

IJ-TOREN — 8 — Oostelijke Handelskade 1213

3 MINUTEN

THE WHALE — 9 — Baron G.A. Tindalplein 1

5 MINUTEN

BORNEO-SPORENBURG AMSTERDAM — 10 — Scheepstimmermanstraat

1. SILODAM
MVRDV
2002
SILODAM 442
1013 AW AMSTERDAM

Met zijn gestapelde lagen draagt de Silodam onmiskenbaar de handtekening van het Rotterdamse bureau MVRDV. Zo zijn luxe appartementen, kleine single-units en sociale woningbouw voor families gecombineerd in één complex. Het gebouw ligt op een voormalige strekdam in het IJ en is dus omgeven door water – via de open trap is het uitstekende balkon van vijftien bij twintig meter te bezoeken voor adembenemende uitzichten over het IJ.

2. LA GRANDE COUR

MEYER VAN SCHOOTEN ARCHITECTEN
2009
WESTERDOK 1
1013 AZ AMSTERDAM

Dit blinkende elegante woonblok is het mooiste gebouw van de lange strook van recente woonblokken langs het IJ. De aantrekkelijkheid ervan zit hem in de overhangende bouwvolumes en uitkragende balkons. Alleen de binnenplaats is open voor het publiek.

3. OPENBARE BIBLIOTHEEK

JO COENEN
2007
OOSTERDOKSKADE 143
1011 DL AMSTERDAM

Dit is de grootste openbare bibliotheek in Nederland en heeft een hoog love it or hate it-gehalte. Volgens sommigen lijkt het massieve gebouw op het ministerie van Informatie uit Orwells 1984. Anderen noemen het een tijdloos monument, een hedendaags Colosseum. Een terras op de zevende verdieping biedt een prachtig uitzicht over de stad en goede koffie.

4. CONSERVATORIUM

FRITS VAN DONGEN/DE ARCHITECTENCIE
2007
OOSTERDOKSKADE 151
1011 DL AMSTERDAM

De ingenieuze schil van dit kleurrijke gebouw bestaat uit vensters die niet alleen licht in de kamers en gangen laat stromen maar tevens als geluidswal dient. De gevel van het gebouw is verrassend gevarieerd door de verschillende kleuren en de wijze waarop de ramen onder verschillende hoeken zijn geplaatst.

5. NEMO
RENZO PIANO
1997
OOSTERDOK 2
1011 VX AMSTERDAM

NEMO is een populair wetenschapsmuseum dat pontificaal in de binnenhaven van Amsterdam ligt. Het gebouw oogt als de boeg van een zeetanker; de groene koperen façade gaat wonderwel samen met de groenige kleur van het water. Het schuin aflopende dak is een publiek terras met een van de beste uitzichten op de oude stad.

6. MUZIEKGEBOUW AAN 'T IJ
NIELSEN & NIELSEN
2006
PIET HEINKADE 1
1019 BR AMSTERDAM

Het monumentale Muziekgebouw aan 't IJ bestaat uit drie verschillende concertzalen. Maar de blikvanger van dit hoekige gebouw – dat niettemin vriendelijk oogt – is de 24 meter hoge façade van glas met daarvoor een superbe terras met café dat een weergaloos uitzicht biedt op de ondergaande zon in het IJ. Dit terras wordt overdekt door een overhangend dak. De wereldberoemde jazzclub het Bimhuis steekt als een zwarte muziekdoos uit het hoofdgebouw en biedt door de glazen wand achter het podium een magnifiek uitzicht op de stad.

7. MÖVENPICK HOTEL AMSTERDAM CITY CENTRE
CLAUS & KAAN
2006
PIET HEINKADE 11
1019 BR AMSTERDAM

De façade van dit gelikte hotel is gemaakt van horizontale stroken van glas, graniet, marmer en wit beton. Het geraffineerde minimalisme is het handelsmerk van architectenduo Claus & Kaan, van wie gebouwen over heel Amsterdam verspreid liggen.

8. IJ-TOREN
NEUTELINGS RIEDIJK
1998
OOSTELIJKE HANDELSKADE 1213
1019 DN AMSTERDAM

Deze 70 meter hoge woontoren van twintig etages is een van de eerste gebouwen van Neutelings Riedijk. De toren heeft een strakke gevel die een geometrisch raster heeft van vensters. Door de diverse 'gaten' in de vorm ziet dit markante gebouw er vanuit verschillende standpunten steeds compleet anders uit, waardoor het een sculpturale uitstraling heeft. Het dakterras is open voor publiek.

9. THE WHALE
FRITS VAN DONGEN/DE ARCHITECTENCIE
2000
BARON G.A. TINDALPLEIN 1
1019 TW AMSTERDAM

Dit kolossale gebouw telt maar liefst tweehonderd appartementen. Het traditionele monoblock meet 100 bij 60 meter en oogt als een basaltkei doordat de beide uiteinden zijn 'opgetild'. De binnentuin is een ontwerp van het vermaarde landschapsbureau West 8.

10. BORNEO-SPORENBURG AMSTERDAM
WEST 8 (MASTERPLAN)
SCHEEPSTIMMERMANSTRAAT
1019 WZ AMSTERDAM

Deze grachtenstraat in de voormalige haven telt zestig unieke woonhuizen en laat zien hoe de grachtengordel eruit zou zien als deze in de moderne tijd zou zijn aangelegd. Belangrijke Nederlandse architecten als Herman Hertzberger (huisnummer 126), Koen van Velsen (huisnummer 120), Höhne & Rapp (huisnummer 62) en MVRDV (huisnummers 26 en 40) hebben huizen ontworpen in deze straat.

architectuurwandeling de zuidas

De Zuidas is een staalkaart van Nederlandse en internationale architectuur en nog steeds volop in ontwikkeling. Wandel langs indrukwekkende gebouwen en zie waar banken, advocatenkantoren en multinationals hun onderkomen hebben.

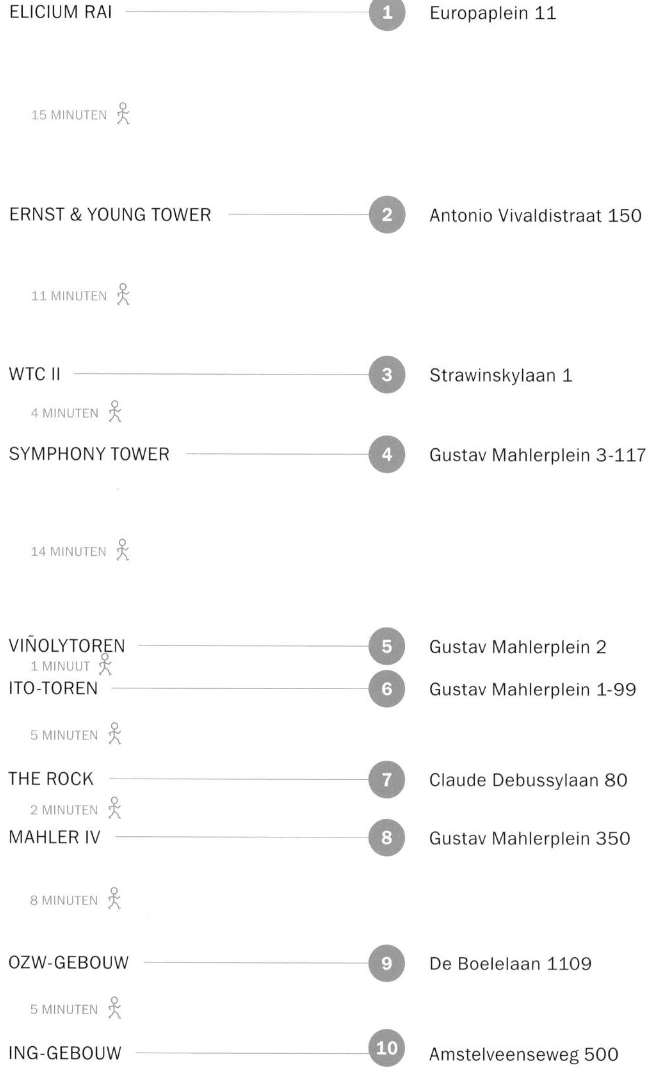

1. ELICIUM RAI
BENTHEM CROUWEL ARCHITECTEN
2010
EUROPAPLEIN 11
1078 GZ AMSTERDAM

Dit expressieve kantoorgebouw heeft een gevouwen vloer, waardoor het zich als een slang verheft boven de omliggende congreshallen van dit beursgebouw uit de jaren 60. Het gebouw balanceert tussen een open gevel en een gesloten uitstraling van glimmend metaal. Door dit spannende, nieuwe hoofdgebouw heeft het saaie RAI-congresgebouw uit de jaren 60 eindelijk smoel gekregen.

2. ERNST & YOUNG TOWER
FOSTER + PARTNERS
2008
ANTONIO VIVALDISTRAAT 150
1083 HP AMSTERDAM

Sir Norman Foster – de man van staal – laat zich van zijn duurzame kant zien in deze twee ogenschijnlijk rechttoe rechtaan kantoortorens van de financiële multinational Ernst & Young. Het wuivende riet en de bloeiende waterplanten aan de oever van het waterbassin naast de ingangspartij geven de sfeer van een stadsstrand. De eigenlijke functie van het bassin is echter het opvangen en zuiveren van regenwater: 65 procent van het regenwater wordt hierin opgevangen en gebruikt voor de sprinklerinstallaties en de koeling.

3. WTC II
KOHN PEDERSEN FOX ASSOCIATES
2004
STRAWINSKYLAAN 1
1077 XW AMSTERDAM

Het Amerikaanse architectenbureau 'KPF' heeft tal van toonaangevende gebouwen gerealiseerd, zoals de uitbreiding van het MoMA in New York (1999). De glazen WTC-toren heeft een hightech uitstraling, waarbij de constructie zichtbaar is en gebruik wordt gemaakt van materialen als glas, staal en aluminium en zachte neutrale kleuren. Door het vele glas oogt het gebouw veel ranker dan het feitelijk is. Dichterbij blijkt de gevel niet alleen van glas maar ook van hout met een uitnodigende, open plint.

4. SYMPHONY TOWER
PI DE BRUIN/ARCHITECTEN CIE
2009
GUSTAV MAHLERPLEIN 3-117
1082 MS AMSTERDAM

Een wolkenkrabber van baksteen, dat kan alleen in Nederland. Hoewel, wolkenkrabber? Met 104 meter is het naar internationale maatstaven natuurlijk maar een torentje. Van een afstand lijken de torens identieke oranje blokkendozen. Dichterbij valt het verschil in grootte van de ramen op, en is de kleur van de gebouwen niet meer oranje, maar zijn er verschillende kleuren te onderscheiden: van bijna zwart in de plint naar paars, rood, oranje, geel tot spierwit in de kantelen van de top. Op enkele meters afstand wordt pas zichtbaar dat de verschillende kleuren bakstenen in een patroon zijn aangebracht, waardoor het gebouw een vriendelijke speelsheid krijgt.

5. VIÑOLYTOREN
RAFAEL VIÑOLY ARCHITECTS
2005
GUSTAV MAHLERPLEIN 2
1082 MA AMSTERDAM

Voor de Zuid-Amerikaanse architect Rafael Viñoly is dit zijn eerste gerealiseerde ontwerp in Europa. Deze kantoorkolos is een licht provocerende creatie. De in de gevel gekerfde vluchttrappen ogen als de stijgende (of dalende!) beursgrafieken. Een aankondiging van een economische crisis in een ongelooflijk vooruitziende blik van Viñoly? In de avond en nacht worden de vluchttrappen uitgelicht waardoor het lijkt alsof het gebouw door een bliksemschicht wordt doorkliefd – een goddelijke straf voor hoogmoed van deze zakelijke toren van Babel?

6. ITO-TOREN
TOYO ITO & PARTNERS
2005
GUSTAV MAHLERPLEIN 1-99
1082 MA AMSTERDAM

Ondanks het imposante volume oogt dit kantoorgebouw van de Japanse architect Toyo Ito vederlicht en doorzichtig. De gevel oogt spiegelglad en de witte tinten geven het gebouw een aura van onschuld. Door de hoekige vormen heeft het gebouw de uitstraling van een geometrische sculptuur – maar dan wel een van bijna 100 meter hoog.

7. THE ROCK
ERICK VAN EGERAAT
2008
CLAUDE DEBUSSYLAAN 80
1082 MD AMSTERDAM

Deze robuuste kantoortoren vormt een vrolijk contrast met de hoekige kathedralen van glas en staal op de Zuidas. De onderkant van The Rock is weliswaar ook van glas en staal, maar de ramen zijn asymmetrisch en versierd met letters die samen teksten uit het wetboek vormen. Op deze ranke kolom is een donkerbruine kraag gezet die oogt als een rots, vandaar The Rock.

8. MAHLER IV
BEN VAN BERKEL/UNSTUDIO
2011
GUSTAV MAHLERPLEIN 350
1082 ME AMSTERDAM

Zo strak en grafisch als deze toren van UNStudio van veraf oogt, zo divers en speels is de gevel van dichtbij. De horizontale, witte lijnen worden dan opeens op verschillende plaatsen een stukje omhoog getild, wat een grillig effect geeft. Ook is dan goed te zien dat de lijnen bestaan uit aluminium banden die in hoogte en dikte variëren. Weinig kantoren zijn zo grafisch en delicaat opgebouwd.

9. OZW-GEBOUW
JEANNE DEKKERS ARCHITECTUUR
2006
DE BOELELAAN 1109
1081 HV AMSTERDAM

In Amsterdam telt een gebouw pas mee als het een bijnaam krijgt. Deze ronde toren van glimmende baksteen wordt 'De Rode Pieper' genoemd en heeft dus een plekje veroverd in de harten van de Amsterdammers. De smalle hoge ramen versterken de vloeiende ronde vormen van het gebouw, een onderwijsstelling voor medische studenten. Door zijn beperkte hoogte is dit dé verborgen parel van de Zuidas.

10. ING-GEBOUW
MEYER & VAN SCHOOTEN ARCHITECTEN
2002
AMSTELVEENSEWEG 500
1081 KL AMSTERDAM

Over mooi of lelijk hoeven we het niet te hebben bij de curieuze vorm van dit gebouw. Wat dit bankgebouw bijzonder maakt is dat de vorm uiterst functioneel is. De twee glazen 'huiden' van de gevel dempen het lawaai van de naastgelegen snelweg. Tussen de twee huiden is een luchtcirculatiesysteem aangebracht, zodat de binnenste ramen open kunnen. Zodra deze ramen opengaan, gaat de klimaatbeheersing uit. De dragende kolommen, naar het voorbeeld van de bruggenbouw, staan los en kunnen trillingen opvangen. Daarnaast tillen ze het gebouw boven het talud van de ringweg uit, zodat werknemers daar niet tegenaan hoeven te kijken. Form follows function dus – wie had dat gedacht!

UTRECHT
WARMTEKRACHTCENTRALE
P 101

utrecht

must...

discover

Kinderen willen niet naar design kijken, die willen design ontdekken. Het liefst spelenderwijs. Dat kan in de publieksterrenwacht Sonnenborgh in Utrecht met zijn telescopen, pendules van ons sterrenstelsel, het miniplanetarium en zeldzame klokken als de meridiaankijker. Geen design voor in de huiskamer dus maar een fascinerende versmelting van productontwerp en wetenschap. Geen betere plek om kinderen wegwijs te maken in het plezier van doordachte vormgeving dan hier, met deze unieke objecten die inzicht in de kosmos verschaffen. Zelf gasnevels, het maanoppervlak of de verste planeten bestuderen kan tijdens de speciale kijkavonden in de wintermaanden. Elke zondag is de Fraunhoferkijker, een zonnekijker met een speciaal filter, beschikbaar voor het publiek. Omdat ooit ook het KNMI in dit gebouw zetelde, heeft Sonnenborgh een rijke collectie meteorologische instrumenten. De ingenieuze apparaten zijn toegepaste kunst uit het analoge tijdperk. En het gebouw zelf – een zeventiende-eeuws bastion – is een architectonisch monument.

www.sonnenborgh.nl

see

shop

eat & drink

sleep

walk

UTRECHT
RIETVELD SCHRÖDER HUIS
P 78

see

RIETVELD SCHRÖDER HUIS
PRINS HENDRIKLAAN 50
3584 EP UTRECHT
(030) 2362310
RIETVELDSCHRODERHUIS.NL

In 1924 bouwde Gerrit Rietveld een experimenteel woonhuis voor Truus Schröder en haar drie kinderen. Het zou het enige gebouw worden dat volgens de architectonische principes van De Stijl is gerealiseerd. Kenmerkend zijn de typische Stijl-kleuren rood, blauw en geel, gecombineerd met wit, grijs en zwart. Het is fascinerend om te zien hoe er een relatie is gelegd tussen binnen en buiten en hoe er een eenheid is gecreeerd tussen de losse meubels en de vaste delen van de inrichting. De mens moet actief in het leven staan volgens Rietveld. De inrichting van het huis weerspiegelt deze overtuiging. Voor elke activiteit moet de bewoner een handeling verrichten: de badkamer creëren door het openvouwen van een wand en de slaaphoeken afschermen door wanden te verschuiven. Het huis is letterlijk een machine om in te wonen. Het Rietveld Schröderhuis is opgenomen op de Werelderfgoedlijst van Unesco.

CENTRAAL MUSEUM
NICOLAASKERKHOF 10
3512 XC UTRECHT
(030) 2362362
CENTRAALMUSEUM.NL

Het Centraal Museum heeft een van de meest gevarieerde collecties van Nederland met design, mode, oude en nieuwe schilderkunst en religieuze artefacten. Maar de grote trekker is de collectie van Gerrit Rietveld, dat met meer dan 250 werken de grootste ter wereld is. Daarnaast heeft het museum een omvangrijke collectie design en mode, waaronder alle vroege creaties van het modeduo Viktor & Rolf. Bijzonder zijn ook de stijlkamers, waarin interieurs uit verschillende tijden minutieus zijn nagebouwd, zoals een zitkamer uit 1927 en een modernistische zitkamer met Gispen-meubels uit de jaren 50. Het museum is grotendeels gevestigd in een voormalig middeleeuws klooster. Na een ingrijpende verbouwing in 1999 is er van het geheel een speels museum gemaakt dat bijeen wordt gehouden door een prachtige binnentuin met sculpturen.

MUSEUM CATHARIJNECONVENT
LANGE NIEUWSTRAAT 38
3512 PH UTRECHT
(030) 2313835
CATHARIJNECONVENT.NL

Met meer dan 60.000 objecten beschikt Museum Catharijneconvent over de grootste collectie religieuze artefacten van Nederland – en dat aantal neemt jaarlijks toe. Te zien zijn onder andere wijwaterbakjes, iconografische schilderijen op houten ondergrond, Christusbeelden en bidprenten. Daarnaast is er een indrukwekkende collectie middeleeuwse (schilder)kunst te zien, waaronder spotprenten en weelderige kerkgewaden. Ook organiseert het museum regelmatig tijdelijke exposities met hedendaagse kunst en design, al dan niet met religie als thema.

AORTA
GANZENMARKT 3
3512 GC UTRECHT
(030) 2321686
AORTA.NU

Utrecht heeft een zeer actief lokaal architectuurcentrum, Aorta. Het organiseert architectuurrondleidingen door de stad en activiteiten zoals ontwerpateliers, lezingen, discussieavonden en evenementen zoals de Dag van de Architectuur. Daarnaast organiseert Aorta de tweejaarlijkse Rietveldprijs in opdracht van Stichting Rietveldprijs.

VAN SCHIJNDELHUIS
PIETERSKERKHOF 8
3512 JR UTRECHT
(06) 22690711
MARTVANSCHIJNDEL.NL

In 1992 realiseerde de designer/architect Mart van Schijndel (1943-1999) zijn woonhuis dat tot in detail geheel door hemzelf is ontworpen – van de beroemde Delta Vaas tot de glazen deuren die zonder scharnieren op siliconenkit draaien. Het interieur straalt een Japans minimalisme uit met veel schuine lijnen en open structuren. Bijzonder is de enorme lichtinval door grote dubbelhoge patiogevels. Ondanks het overheersende minimalisme straalt het huis een rijke overdaad uit door het subtiele kleurgebruik, de bijzondere details en de enorme precisie. Alles staat precies waar het moet staan en geen enkel raam is ook maar een centimeter te hoog of te laag geplaatst. Raar eigenlijk dat Van Schijndel internationaal nooit de waardering kreeg die hij in eigen land wel ontving.

NIJNTJE MUSEUM
AGNIETENSTRAAT 2
3512 XB UTRECHT
NIJNTJEMUSEUM.NL

Nijntje (miffy voor de rest van de wereld) is geboren in 1955, toen illustrator Dick Bruna het figuurtje tekende voor zijn eigen zoon. Sindsdien is nijntje een symbool geworden voor *less is more* in kinderillustraties. Het konijn is gereduceerd tot enkele klare lijnen en ingekleurd met voornamelijk primaire kleuren. Het bleek dus mogelijk om een doordachte en volwassen tekenstijl toegankelijk te maken voor kinderen. Na nijntje zouden kinderboeken nooit meer hetzelfde zijn. Maar illustrator Dick Bruna (1927) heeft meer gedaan dan alleen nijntje tekenen. Zo heeft hij ook diverse affiches en boekomslagen ontworpen. Dit deed hij in zijn atelier op een zolder in de Utrechtse binnenstad. Vanaf september 2015 krijgt dit atelier een permanente plaats in het Centraal Museum. En nijntje en haar vriendjes hebben vanaf december 2015 hun eigen huis: het nijntje museum. Maar nog steeds gewoon aan de Agnietenstraat.

UTRECHT
STRAND WEST
P 85
shop

DESIGNER CAFÉ
TELINGSTRAAT 2A
3512 GV UTRECHT
(06) 51970653
DESIGNERCAFE.NL

In het Designer Café kun je het hele traject van een kledingstuk van eerste schets tot prêt-à-porter in de rekken volgen. Je kunt er de designers ontmoeten, borrelen met andere fashionista's en over de schouder van professionals meekijken tijdens een van de vele workshops. Maar waar het natuurlijk allemaal om gaat is de winkel met uitsluitend vrouwenmode op de begane grond. Hier vind je tegen zeer aantrekkelijke prijzen gelimiteerde collecties en soms zelfs unieke stukken van jonge Nederlandse ontwerpers. Zelfs de kasten en de tafels waarop de mode ligt uitgestald, zijn ontworpen door jong talent. Als je het lief vraagt aan de verkopers, dan mag je misschien op zolder een kijkje nemen in het atelier dat daar voor jonge ontwerpers is ingericht. Als je echt wilt uitpakken, kun je hier een outfit op maat laten maken.

BIJ DEN DOM
DOMSTRAAT 3
3512 JA UTRECHT
(030) 2331317
BIJDENDOM.NL

Bij den Dom, vanzelfsprekend gesitueerd in de schaduw van de beroemde toren, is een begrip in Utrecht. Dick Bruna tekende het originele logo met daarin het haantje van de Dom in de hoofdrol. In de honderd jaar dat de interieurwinkel bestaat, is er veel veranderd maar het toonaangevende design is gebleven. Eigentijdse Scandinavische merken worden afgewisseld met verfijnd Italiaans design en ontwerpen van eigen hand.

STRAND WEST
OUDEGRACHT 114
3511 AW UTRECHT
(030) 2304305

Amsterdam heeft de Frozen Fountain, Arnhem heeft Coming Soon en Utrecht heeft Strand West. Het zijn showrooms die balanceren op het snijvlak van galerie en winkel. Strand West biedt een breed overzicht van het beste van Dutch design maar ook buitenlandse labels als Hay en Vitra. Het winkelaanbod is zo neergezet dat het meer lijkt op een expositie in een museum dan op een winkel die het toch vooral van de verkoop moet hebben. Naast de collecties van bekende labels als Moooi en Droog wordt er ook ruimhartig aandacht besteed aan jong aanstormend talent.

WORKSHOP OF WONDERS
DOMSTRAAT 25
3512 JA UTRECHT
(030) 2318686
WORKSHOPOFWONDERS.NL

Eerst hadden Gerrit Vos en Jennemieke van der Schoot alleen een eigen ontwerpbureau en een minishowroom aan de Oudegracht. Toen vonden ze een werkruimte pal naast de Dom waar ze een winkel, galerie én showroom konden beginnen. Inmiddels weten designliefhebbers de weg naar Workshop of Wonders moeiteloos te vinden. Elke vier maanden is er een nieuwe tentoonstelling te zien met titels als 'New Craftmanship in wood, steel and glass', 'A different kind of chic' en 'Northern delights'.

MCHL
OUDEGRACHT 254
3511 NV UTRECHT
MICHIELCORNELISSEN.COM

MCHL is zeer waarschijnlijk de eerste designwinkel in Nederland waar het grootste deel van de collectie bestaat uit 3D-geprinte producten. Veel is afkomstig uit de koker van eigenaar en industrieel ontwerper Michiel Cornelissen zelf – van een flexibele lampenkamp gemaakt van honderden repetitieve, in elkaar grijpende, elementjes tot de 'One In A Million Bird'-ringen die volgens een software-algoritme worden gefabriceerd uit polyamidepoeder.

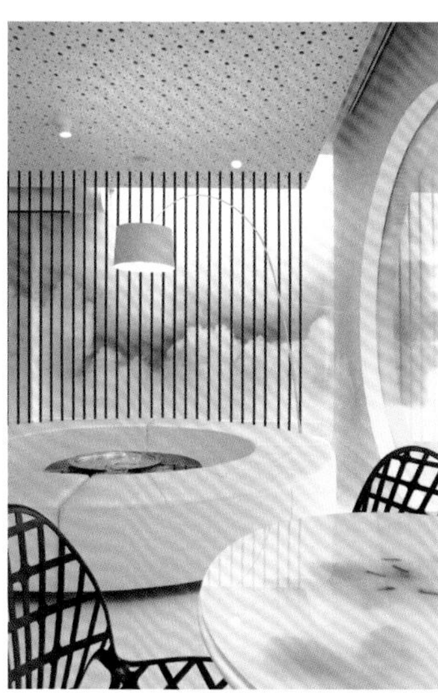

de voorstraat

PUHA
VOORSTRAAT 48
3512 AR UTRECHT
(030) 2319994
PUHASHOP.NL

De Voorstraat is een 300 meter lange straat in het centrum van Utrecht, maar net buiten de commerciële kern. Het is een bijzonder levendig buurtje met een rauw randje, waar studenten, daklozen, modeontwerpers, dealers en hipsters samenkomen met de oorspronkelijke bewoners. Het soort plek kortom, dat bij uitstek kleine, enthousiaste ondernemers en creatieve types aantrekt.

Modewinkel Puha, voorheen gevestigd tussen de prostituees in de Hardebollenstraat, is een klein walhalla voor modeliefhebbers. Je vindt er exclusieve kleding van jong talent en bekende namen zoals Studio JUX, Monique Poolmans en Deux Filles.

KLIJS EN BOON
VOORSTRAAT 44
3512 AP UTRECHT
(030) 2313581
KLIJSENBOON.NL

In deze ruim opgezette winkel voeren modemerken van Scandinavische bodem de boventoon. Behalve 'bovengoed', verkopen de dames Klijs en Boon een uitgebreide collectie ondergoed.

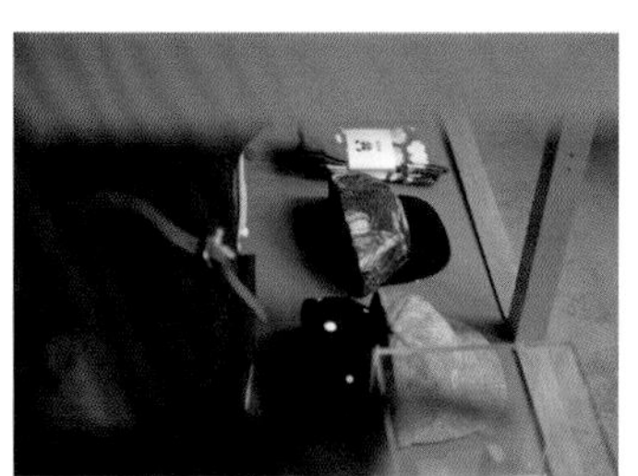

VAEN
OUDEGRACHT 246
3511 NV UTRECHT
(06) 21412704
VAENONLINE.NL

Vintageshops schieten als paddenstoelen uit de grond. Meestal bieden ze wat Oost-Duitse tafelkleedjes en een verdwaalde Eamesimitatie. Wel de moeite waard zijn de vintageshops die zich hebben gespecialiseerd, zoals VAEN, die bijzondere stoelen aanbiedt van veelal anonieme Nederlandse designers als Cees Braakman (Pastoe), André Cordemeyer (Gispen) en Theo Ruth (Artifort). Ook *mid century* modernisme zie je hier met modulaire teakhouten Scandinavische wandmeubels van Cadovius of String. VAEN heeft ook veel lampen uit de jaren 60 en 70 van Nederlandse makelij zoals Avia, Hala, Gispen en Philips. Wellicht wat obscuur voor buitenlandse bezoekers, maar de Nederlandse clientèle krijgt er warme nostalgische gevoelens bij.

BEBOP
OUDEGRACHT 187
3511 NE UTRECHT
(030) 2311323
BEBOP.NL

Bebop was ooit een van de eerste vintageshops in Nederland maar inmiddels is het assortiment uitgebreid met hedendaags design van ontwerpers als Piet Hein Eek en Richard Hutten en labels als Artifort, Dutch Originals, String en Lampe Gras. De inrichting is meer als een huiskamer dan als een winkel, wat Bebop een aangename ongedwongen sfeer geeft. Niemand die vreemd opkijkt als je hier urenlang rondstruint. De winkel is deels gevestigd in de middeleeuwse gewelven aan de oudste gracht van Utrecht.

UTRECHT
DE KLUB
P 93

eat & drink

rood
• Madregale, Italië, 2013
• Le Mas, Frankrijk, 2012 5,50/25,00
• Ronco-Nolè, Italië, 2012 7,50/35,00
mousserend
• Lambrusco Rosso 6,00/30,00
De Prà, Cava Brut 6,00/30,00
menu
gedestilleerd
• Grappa 6,50
• Cognac 5,50
• Wodka 4,00
menu:
4 gangen

insider tips

CORNELIS
MALIESTRAAT 16
3581 SL UTRECHT
CORNELIS-UTRECHT.NL

AMBERES
BURGEMEESTER REIGERSTRAAT 29
3581 KK UTRECHT
(030) 2515020
AMBERES-RESTAURANT.NL

Anne van der Zwaag is organisator van de designbeurs Object Rotterdam. Daarnaast is zij werkzaam als zelfstandig curator; ze maakte onder meer de tentoonstelling Zwart-Wit in het Fotomuseum in Rotterdam en een expositie over '100 Jaar Pastoe' in de Kunsthal in Rotterdam. Ook schreef ze de boeken *Kleur In Beeld* (Terra)en *Feels Good Looks Good Is Good* (Lecturis), een boek over social design.

'Cornelis is een klein maar fijn koffie-, ontbijt- en lunchzaakje tussen het centrum van de stad en het mooie Wilhelminapark. Het zit verscholen in een statige rustige buurt, achter een honderd jaar oude winkelpui. De taart komt uit eigen oven en de koffie is van versgebrande koffiebonen. Achter de winkel zit ook nog een schattig één-kamer-hotel. Het is ongedwongen en intiem. Een echte verborgen parel.'

Amberes zit avond aan avond vol met liefhebbers van goed eten. Hier wordt namelijk gekookt met passie en eerlijke ingrediënten. De inrichting is puur – no sign of design feitelijk. Wat overigens niet betekent dat er niet over is nagedacht. Neem alleen al dat oude slagersblok met een onvervalste pata negra dat nonchalant bij de ingang staat: dan kom je dus al watertandend binnen! Ze hanteren geen menukaart, er kan simpelweg gekozen worden tussen drie, vier of vijf gangen. Er worden zoveel mogelijk streekgerechten geserveerd en alle ingrediënten zijn biologisch. Het lijkt allemaal heel gewoon, maar was gewoon altijd maar zo bijzonder.

WINKEL VAN SINKEL
OUDEGRACHT 158
3511 AZ UTRECHT
(030) 2303030
DEWINKELVANSINKEL.NL

Niet te missen is het enorme pand aan de drukste gracht door het centrum van Utrecht. De verwachting die aan de buitenkant wordt gewekt – pilaren in de vorm van vrouwelijke standbeelden! – wordt binnen ingelost. Het interieur is een mix van historische grandeur en eigentijds design. Vernoemd naar het oudste en bekendste warenhuis van Nederland ziet Winkel van Sinkel zichzelf als een cultureel en culinair warenhuis. De 'Winkel', zoals de zaak bekend staat, heeft een bar, een restaurant, een tapasbar (Tapaskelder), vele culturele activiteiten en de club Nachtwinkel. De muziek in de Nachtwinkel varieert van house en techno tot muziek uit de jaren 80 en 90.

DELANO
MARIAPLAATS 42-43
3511 LL UTRECHT
(030) 2145552
MAMMONI.NL/DELANO

De naam Delano is geïnspireerd op het beroemde art-decohotel Delano in Miami Beach – een sfeer die vanzelfsprekend niet kan worden geëvenaard. Maar ze hebben hun best gedaan. Het strakke mokkabruine interieur heeft door de gouden accenten dezelfde chique uitstraling van de nachtclub uit de jaren 60 in het Delano hotel in Miami Beach. Het is een bar om lang te hangen in een van de lage loungebanken of voor een snelle cocktail aan een van de drie verschillende bars, maar je kunt er ook dineren.

TIVOLIVREDENBURG
VREDENBURGKADE 11
3511 WC UTRECHT
(030) 2314544
TIVOLIVREDENBURG.NL

Na vier jaar bouwen en 150 miljoen euro investeren ging – een jaar later dan gepland – TivoliVredenburg open, het concertpaleis dat de twee oude muziekinstituten Vredenburg en Tivoli moet doen vergeten. Het gebouw is niet over het hoofd te zien en verdeelt de Utrechtse bevolking tot op het bot. Love it or hate it, een tussenweg is er niet bij deze kolos van spiegels, staal en beton. Maar over akoestiek geen twijfel, die is van internationale allure. Het complex telt vijf concertzalen, diverse vergader- en congresfaciliteiten, een grand café en een restaurant. Het muziekaanbod varieert van Festival Oude Muziek, hiphopparty's tot natuurlijk de grote pop- en rockartiesten.

DE KLUB
EUROPALAAN 2B
3526 KS UTRECHT
(030) 2040531
DEKLUB.NL

Elke stad heeft ze tegenwoordig: tijdelijke broedplaatsen voor creatieve ondernemers. In Utrecht is Vechtclub XL ongetwijfeld de leukste. In een voormalig magazijn van een farmaceutische groothandel, nabij het Merwedekanaal, is sinds kort een keur aan ontwerpers, softwareontwikkelaars en muzikanten neergestreken. Het Utrechtse ontwerpbureau met de klinkende naam

insider tips

SPRING FESTIVAL
SPRINGUTRECHT.NL
NEDERLANDS FILMFESTIVAL
FILMFESTIVAL.NL
IMPAKTFESTIVAL
IMPAKT.NL

Dromen tekende samen met VOID interieurarchitectuur voor de inrichting, maar ook voor de conceptontwikkeling en de bouw. Verder is hier ook De Klub gevestigd, een moderne maar tijdloze bistro met een kleine kaart waar je voor een goede prijs prima eet en drinkt.

Lotte van Laatum is ontwerper van verrassende producten, zoals een energiezuinige 'gloeilamp' die eruitziet als een kunstig verdraaide ballon of een kast die is opgebouwd uit grillige boomtakken en standaard houtplaten. Haar bekendste project is *Bloom*, waarbij zij Turkse vrouwen van de eerste generatie met traditionele handwerktechnieken op eigentijdse stoffen laat borduren, waarmee prachtige sofa's en fauteuils worden bekleed.

'Utrecht is een bruisende stad vol met studenten en het heeft dan ook een zeer rijk cultureel klimaat met tal van festivals. De lente begint pas echt met de start van het Spring Festival met dans, muziek en theaterperformances. Om er nog een paar te noemen: het Nederlands Filmfestival en het Impakt Festival voor experimentele kunst en theater. Wees er zeker van deze niet te missen, want ze bieden niet alleen een goed programma maar ze zijn ook een geweldige kans om nieuwe mensen te ontmoeten.'

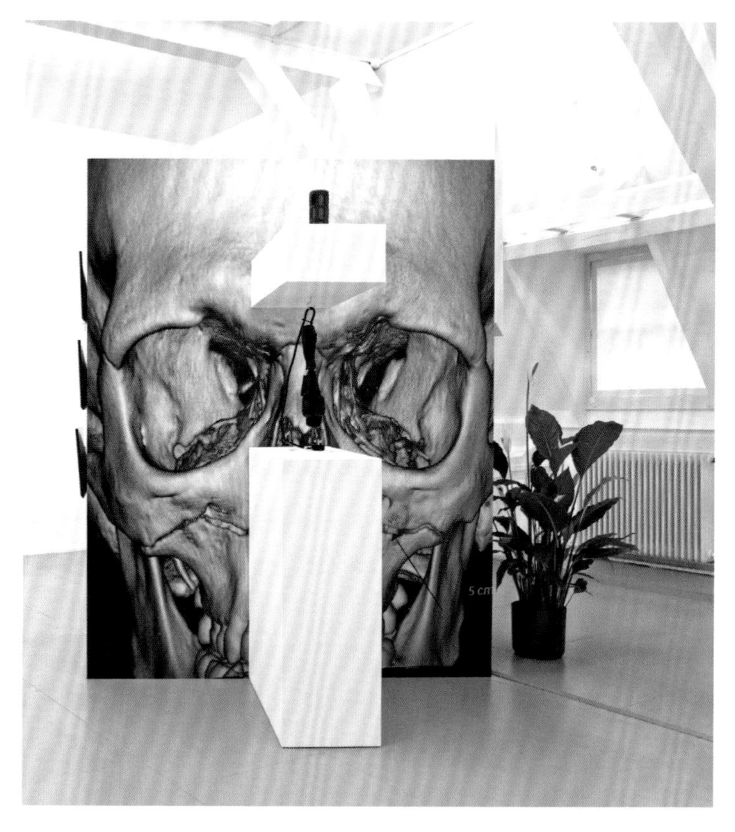

sleep

KAREL V HOTEL

GEERTEBOLWERK 1
3511 XA UTRECHT
(030) 233 75 55
KARELV.NL

Het enige vijfsterrenhotel in de stad bevindt zich in een voormalig klooster van de Ridderlijke Duitsche Orde uit de veertiende eeuw waarin later een militair hospitaal gevestigd was. Het schijnt dat keizer Karel V zelf hier ooit nog heeft gelogeerd – vandaar dus deze royale naam. Door het monumentale karakter van het pand zijn alle kamers verschillend. Het hotel bestaat uit verschillende delen waaronder de Napoleontische vleugel, de Romeinse vleugel en de Boerderij. In de Romeinse vleugel is een prachtig wellness centre met sauna, stoombad en zwembad met jetstream. Het inpandige restaurant Karel V is ideaal voor fijnproevers. De brasserie Goeie Louisa in de voormalige kloosterkeuken moet het meer hebben van het authentieke decor. In de middeleeuwse tongewelven onder het hotel bevindt zich de wijnbar Caves Caroli.

COURT HOTEL

KORTE NIEUWSTRAAT 14
3512 NM UTRECHT
(030) 2330033
COURTHOTEL.NL

Utrecht heef een voorkeur voor hotels op vreemde locaties. Het Court Hotel is gevestigd in het oude gerechtsgebouw, een prachtig statig gebouw met een monumentaal trappenhuis. Het hotel ligt ook nog eens in hartje centrum, omringd door de oude grachtjes en kleine historische pandjes. Kortom, een hotel met een rijke historie, maar met kamers die aan de moderne eisen van de verwende reiziger voldoen. Ook bijzonder is brasserie De Rechtbank op de begane grond. Net als het hotel is het decor historisch, maar de inrichting comfortabel: strak en minimalistisch.

CHAMBRES-EN-VILLE

ZUILENSTRAAT 1A
3512 NA UTRECHT
(030) 2364373
CHAMBRES-EN-VILLE.NL

Genoeg van de prachtig ingerichte maar sfeerloze designhotels met onpersoonlijke bediening en lange gangen? Probeer Chambres-en-Ville, een bed & breakfast met slechts één klassiek ingerichte kamer en dito suite op een perfecte locatie in de binnenstad. De kamer is prima maar onze tip is de suite met aparte zithoek en/of studeerkamer die zich goed leent voor een verblijf voor meerdere dagen door de ruimte en de rust. De eigenaresse en gastvrouw kent de stad op haar duimpje en voorziet u van waardevolle tips over de laatste tentoonstellingen in het Centraal Museum en welk restaurant recentelijk een nieuwe chef kreeg.

BADHU
WILLEM VAN NOORTPLEIN 19
3514 GK UTRECHT
(030) 2720444
BADHU.NL

Hotel/restaurant Badhu is gevestigd in een van de oudste en nog overgebleven openbare badhuizen van Utrecht. Badhu is geïnspireerd op de Marokkaanse hamam. Het is een knus hotel met acht tweepersoonskamers en een appartement dat je ook per nacht kunt huren. Badhu ligt in een groene buurt aan de rand van het centrum van Utrecht en de kamers hebben uitzicht op het naastgelegen park. Alle kamers zijn verschillend en volledig in één kleur ingericht, geïnspireerd op de Arabische badhuizen. Op de begane grond zit een restaurant dat eveneens is geïnspireerd op de Arabische keuken. Probeer vooral ook de 'Chai', een Arabische high tea.

HOTEL DOM
DOMSTRAAT 4
3512 JB UTRECHT
(030) 2324242
HOTELDOM.NL

Midden in de Utrechtse binnenstad op enkele meters van de Domkerk staat het achttiende-eeuwse tweebeukige huis De Beaufort. Op deze locatie is een eigentijds designhotel gevestigd. Hotel Dom telt elf suites, waarvan er twee een privédakterras hebben. Het hotel is een prima schuilplek voor de hectische binnenstad; het restaurant heeft een riant uitzicht op de mooie binnenstadstuin.

B & B GREGORIUS
NIEUWEGRACHT 21
3512 LC UTRECHT
(030) 2751127
BBGREGORIUS.NL

B & B Gregorius is een luxe bed & breakfast in hartje Utrecht. Op de eerste verdieping van het monumentale pand – een voormalig schoolgebouw – zijn twee luxe tweepersoonskamers gerealiseerd, ingericht door de Utrechtse ontwerpstudio Workshop of Wonders. Tussen de designmeubels van Moroso en Foscarini, en tapijten van het Spaanse merk Gan Rugs hangen abstracte schilderijen uit de persoonlijke collectie van de eigenaar.

architectuurwandeling de uithof

1. THE BASKET
NL ARCHITECTS
2002
GENÈVELAAN 4-8
3584 CC UTRECHT

Rem Koolhaas ontwierp in de jaren negentig een masterplan voor de universiteitscampus De Uithof aan de rand van Utrecht. Het werd vervolgens een openluchtmuseum voor de Superdutch, zoals de generatie architecten wordt genoemd die de afgelopen vijftien jaar internationaal furore maakte.

Op een betonnen fietsstalling is een basketbalveld geplaatst. Daarnaast is een café en kiosk. Deze bundeling van functies resulteert in een uniek gebouw met enkele inventieve oplossingen; een schoorsteen is geplaatst in de buizen waaraan de stalen netten hangen. De middenstip van het basketbalveld is transparant, waardoor de schaduwen van de sporters in het onderliggende café te zien zijn.

2. NMR LABORATORIUM
UNSTUDIO
2001
PADUALAAN 12
3584 CH UTRECHT

De opdracht voor dit natuurkundig laboratorium vormde een hoofdpijndossier voor architect Ben van Berkel en zijn team. Vanwege de krachtige magneten en gevoelige meetapparatuur waarmee getest wordt, moest het gebouw stralings- en trillingsvrij zijn; elke onregelmatigheid in de buurt van de magneten heeft min of meer ernstige gevolgen voor de resultaten van de tests. Tegelijkertijd was er de vraag naar een open en toegankelijk gebouw. Het is de verdienste van de architect dat er geen bunker met ramen is gebouwd maar een stapeling van elegante volumes, waarin glas en beton een spannend contrast vormen.

3. MINNAERTGEBOUW
NEUTELINGS RIEDIJK
1998
LEUVENLAAN 4
3584 CE UTRECHT

Van buiten oogt dit zachtrode gebouw als een groot blok beton met een grillig oppervlak. Het geheim zit aan de binnenkant, waar alles draait om het reusachtige atrium dat niet wordt verwarmd. Daardoor varieert de temperatuur, net als in een kerk, met de seizoenen. Dit natuurlijke leefklimaat is versterkt doordat de hal uitsluitend wordt verlicht met daglicht. Het regenwater valt via een afwateringssysteem in het dak gewoon in een grote vijver in de hal. Dit water wordt in de zomer gebruikt om het gebouw te koelen.

4. UNIVERSITEITSBIBLIOTHEEK
WIEL ARETS
2004
HEIDELBERGLAAN 3
3584 CS UTRECHT

De Universiteitsbibliotheek van Wiel Arets is controversieel. Maar met de veelgehoorde kwalificatie van een lugubere black box wordt het gebouw tekortgedaan. De gevel heeft opmerkelijk veel variatie en het matte glas versterkt het vervreemdende, duistere effect. Maar weinig architecten kunnen met zulke beperkte middelen als zwart steen en glas zoveel variatie aanbrengen als Wiel Arets. Al even geslaagd is het interieur van de Belgische ontwerpstudio Quinze & Milan.

5. EDUCATORIUM
REM KOOLHAAS/OMA
1997
LEUVENLAAN 19
3584 CE UTRECHT

Alle trucjes waar Rem Koolhaas om bekend staat, probeerde hij uit op dit onderwijsgebouw (de naam 'educatorium' is een vondst van Koolhaas zelf). Het gebouw is geen gesloten leerfabriek maar een vriendelijke ontmoetingsplek. De glazen zijgevel bijvoorbeeld oogt niet alleen uitnodigend maar straalt 's avonds licht uit, wat het gevoel van veiligheid op straat verhoogt. Het gebouw heeft geen duidelijke verdiepingen en geen rechte muren. De ruggengraat is een dubbelgevouwen betonnen plaat van amper 20 centimeter dikte. Door de glazen gevel is goed zichtbaar hoe deze door het gebouw golft en op slechts twee smalle pilaren rust.

6. STUDENTENCOMPLEX CAMBRIDGELAAN
RUDY UYTENHAAK – UYTENHAAK ARCHITECTEN
1999
CAMBRIDGELAAN 311-910
3584 DW UTRECHT

Om het minimaal vereiste aantal van duizend studentenkamers in één monumentaal gebouw te kunnen verpakken, koos Uytenhaak voor een opvallend poortgebouw en een deel gestapelde laagbouw. Beide delen zijn nadrukkelijk ontworpen als één esthetisch geheel. Het 52 meter hoge poortgebouw wordt doorsneden door vier woonbruggen. De enorme schaal van dit poortgebouw sluit aan bij die van de universiteitsgebouwen. De schaal van het laagbouwdeel past beter bij het omliggende weidelandschap en het universiteitspark dat is ontworpen door West 8.

7. FEM-GEBOUW
FRANCINE HOUBEN/MECANOO
1997
PADUALAAN 101
3584 CH UTRECHT

De voorgevel en een deel van het dak zijn gemaakt van glas waardoor de collegezalen van buiten duidelijk zichtbaar zijn. Ook kan van buiten een glimp worden opgevangen van de ware pracht aan de binnenkant: de drie binnenpatio's. De rustgevende waterpatio heeft grote vijvers en gevels van glas met aluminium lamellen als zonwering. De levendige junglepatio heeft een hoekige dynamische vorm en is beplant met bamboe. De houten gevels sluiten hierbij aan. De Zen-patio met een grindtuin is geïnspireerd op de Japanse meditatietuinen en is de meest verstilde van de drie patio's.

8. HIJMANS VAN DEN BERGH GEBOUW
ERICK VAN EGERAAT
2005
UNIVERSITEITSWEG 98
3584 CX UTRECHT

Het meest opvallende element in dit kantoor- en lesgebouw zijn de drie kegelvormige uitsparingen in het hart van het gebouw. Deze kegels zijn elk opgebouwd uit meer dan vierhonderd glasplaten en zorgen voor maximale lichtinval in het interieur. De gevel heeft een grillig geometrisch patroon van vensters, een stijlvorm die Van Egeraat vaker gebruikt.

9. WARMTEKRACHTCENTRALE
LIESBETH VAN DER POL/DOK ARCHITECTS
2005
LIMALAAN 36
3584 CL UTRECHT

Deze energiecentrale is een gesloten gebouw van cortenstaal. Dit materiaal is weervast en goedkoper dan aluminium of roestvast staal, omdat het onderhoudsvrij is en goed te lassen. De cartooneske vorm van de energiefabriek met grote schoorstenen is een speelse knipoog naar de functie. In een omliggende goot wordt het aflopende regenwater opgevangen.

10. CASA CONFETTI
MARLIES RÖHMER
2008
LEUVENPLEIN 10
3584 LA UTRECHT

Deze woontoren met 377 studentenwoningen dankt haar naam aan de kleurrijke panelen die de gevel van het pand sieren. Bij het ontstaan van het ontwerp op de tekentafel heette het project al 'Smarties', naar de veelkleurige chocoladesnoepjes. Het idee hierachter is dat de ramen wegvallen in het geheel met de kleurtjes, wat van een afstand oogt als een schubachtige grijze textuur – maar wat van dichterbij een veelkleurig mozaïek blijkt, evenals de diversiteit van de bewoners van het pand.

den haag

must...

search

Het is even zoeken want de mooiste art-nouveaugebouwen zijn verstopt in de Haagse binnenstad. De internationale kunststroming art nouveau – in Nederland meestal jugendstil genoemd – sloeg vooral in Den Haag aan. In de chique hofstad vond de zwierige stijl volop navolging. Zo bouwde de wereldberoemde Belgische jugendstilarchitect Henry van de Velde in Scheveningen villa De Zeemeeuw, die helaas niet voor publiek toegankelijk is. Ook bijzonder is het woonhuis (Smidswater 26, niet toegankelijk) van de Haagse architect Johannes Lorrie. Aan het Noordeinde staan van architect Lodewijk de Wolf drie prachtige jugendstilpanden, waaronder Maison Krul en waarvan alleen de voorgevel nog intact is. Een van de weinige Haagse jugendstilmonumenten die zowel van binnen als buiten nog in originele staat is – en openbaar toegankelijk – is Apotheek Hofstad (Korte Poten 5). Nog meer jugendstil zien? Er worden diverse wandelingen aangeboden langs de Haagse jugendstil.

www.gildedenhaag.nl

see

shop

eat &drink

sleep

see

GEMEENTEMUSEUM
STADHOUDERSLAAN 41
2517 HV DEN HAAG
(070) 3381111
WWW.GEMEENTEMUSEUM.NL

De grootste Mondriaancollectie ter wereld – waaronder zelfs diens laatste schilderij Victory Boogie Woogie – is slechts een van de bijzonderheden van het Gemeentemuseum. Ook beschikt het museum over een onovertroffen collectie van De Stijl met schilderijen, maquettes en meubels van bijvoorbeeld Theo van Doesburg en Bart van der Leck. Daarnaast is er nog een omvangrijke collectie aardewerk en art nouveau en de grootste museale modecollectie van Nederland te zien. De wisselende exposities over Coco Chanel, Mark Rothko en popart waren onvervalste blockbusters. En niet te vergeten dat prachtige gebouw uit 1935, het laatste meesterwerk van architect H.P Berlage (1856-1934). Het bakstenen gebouw met de lommerrijke tuin is een museum op zich. Hedendaagse kunst is bovendien te zien op slechts een steenworp afstand bij de buren van het GEM.

HET NEDERLANDS DANS THEATER
SCHEDELDOEKSHAVEN 60
NDT.NL

Den Haag houdt van Koolhaas. Niet zijn geboortestad Rotterdam. Ook niet de hoofdstad Amsterdam. Zelfs niet New York of Beijing, maar Den Haag is de stad met de meeste gebouwen van architect Rem Koolhaas. Drie in totaal.
Het Nederlands Dans Theater is het eerste echte gebouw van Koolhaas. Het heeft nog niet de brille van de huidige iconen van Koolhaas. En wat ook niet helpt: het gebouw staat letterlijk in de schaduw van het enorme witte stadhuis van Richard Meier. Het Danstheater staat op de nominatie om gesloopt te worden, maar Koolhaas is de grote kanshebber om op dezelfde locatie een nieuw cultuurgebouw te mogen bouwen.

PAARD VAN TROJE
PRINSEGRACHT 12
PAARD.NL

Koolhaas mocht zich revancheren voor het deels mislukte Danstheater met de nieuwbouw voor de illustere popzaal Paard van Troje. De grootste concertzaal van Den Haag heeft meerdere hightech podia, waaronder een hoofdzaal voor 1.100 bezoekers en een kleine zaal met 300 plaatsen. Deze zijn verstopt achter de monumentale gevel. Het gebouw doet zijn naam eer aan en geeft zijn geheimen dus pas na binnenkomst prijs.

SOUTERRAIN
GROTE MARKTSTRAAT

Koolhaas' meest recente project is Souterrain, een 1.250 meter lange tramtunnel uit 2005. De bouw van deze tunnel met slechts twee haltes en een parkeerplaats met 500 plekken was problematisch, en dat is nog voorzichtig uitgedrukt. Door lekkages in het plafond is de tunnel al meerdere keren hersteld. De tramlijn is zelfs meerdere keren overstroomd. In Den Haag wordt het project dan ook 'tramtanic' genoemd. Maar toen de bouw eenmaal was voltooid en de problemen verholpen, was alles vergeven; het Souterrain won zelfs meerdere prijzen.

LOUWMAN MUSEUM
LEIDSESTRAATWEG 57
2594 BB DEN HAAG
(070) 3047373
LOUWMANMUSEUM.NL

Bij de bouw in 2010 werd dit museum onmiddellijk genomineerd voor de verkiezing tot Lelijkste Gebouw van Nederland. Hoewel deze dubieuze prijs uiteindelijk naar een ander gebouw ging, is de vox populi over deze controversiële architectuur van de Amerikaanse architect Michael Graves duidelijk. Maar juist de megalomane en daardoor on-Nederlandse architectuur maakt dit museum met de oudste privécollectie auto's ter wereld zo interessant. Ook van binnen heeft de architect een groot gebaar gemaakt met hoge plafonds van hout waaraan complete vliegtuigen hangen.

FOTOMUSEUM DEN HAAG
STADHOUDERSLAAN 43
2517 HV DEN HAAG
(070) 3381144
FOTOMUSEUMDENHAAG.NL

Het Fotomuseum is gevestigd naast het Gemeentemuseum en deelt een gebouw met het GEM, een expositieruimte voor hedendaagse kunst. Jaarlijks zijn er zes wisselende foto-exposities, uiteenlopend van solo's tot thematische en historische overzichten. Recente tentoonstellingen waren met fotografie van bedreigde landschappen en foto's die raken aan het werk van het Internationaal Strafhof, elders in Den Haag.

MAURITSHUIS
PLEIN 29
2511 CS DEN HAAG
(070) 3023456
MAURITSHUIS.NL

Het museum is onlangs van moderne allure voorzien door architect Hans van Heeswijk met een ingenieuze foyer die zes meter onder straatniveau ligt, maar toch licht en open oogt. Bezoekers betreden het museum via een in glas verpakte trap, steeds dieper naar stilte en rust. Het vloeroppervlak is opeens verdubbeld, maar de intieme sfeer blijft. Eveneens onveranderd is de unieke collectie meesterwerken uit de Gouden Eeuw. Dit relatief kleine museum heeft achthonderd schilderijen die in het historisch decor van dit statige stadspaleis hangen. Een van de topstukken is het 'Meisje met de parel' van Johannes Vermeer (1665).

BEELDEN AAN ZEE
HARTEVELTSTRAAT 1
2586 EL DEN HAAG
(070) 3585857
BEELDENAANZEE.NL

Museum Beelden aan Zee is een parel die ligt verscholen in de duinen van Scheveningen. Het museum is in 1994 gesticht door het verzamelaarsechtpaar Theo en Lida Scholten. De collectie bestaat uit meer dan duizend werken, variërend van abstract keramiek tot figuratieve marmeren beelden. Het gebouw van architect Wim Quist is als het ware ook een beeldhouwwerk, dat letterlijk in de duinen ligt – een deel van het gebouw ligt ondergronds, terwijl de permanente expositie zich tot buiten uitstrekt met een wandelpad geflankeerd door beelden. Alle gebruikte materialen – beton, Italiaans graniet en hout – zijn gekozen vanwege de zandkleur.

ESCHER IN HET PALEIS
LANGE VOORHOUT 74
2514 EH DEN HAAG
(070) 4277730
ESCHERINHETPALEIS.NL

Het voormalige paleis van koningin Emma huisvest een permanente expositie met werk van de wereldberoemde Haagse graficus M.C. Escher (1898-1972), de meester in het realiseren van het onmogelijke. Water zweeft door de lucht, vogels veranderen in vissen en mensen lopen eindeloos dezelfde trap op en af. Ook is minder bekend werk van Escher te zien: intieme portretten, Italiaanse landschappen en diverse zelfportretten, waaronder het beroemde portret door de glazen bol. Ook ontwierp Escher postzegels, fictieve bankbiljetten en diverse patronen voor tafelkleden en tegels. Het museum ligt aan de enige echte boulevard van Nederland, het Lange Voorhout.

PANORAMA MESDAG
ZEESTRAAT 65
2518 AA DEN HAAG
(070) 3106665
PANORAMA-MESDAG.COM

Het Panorama Mesdag van schilder Hendrik Willem Mesdag (1831-1915) is 114,5 meter lang en 14,5 meter hoog en was ooit het grootste schilderij ter wereld. Zoals het hoort bij een panorama is het schilderij een ronde cirkel zonder begin of einde. De postindustriële architectuur van het gebouw waarin het schilderij hangt, draagt bij aan de surrealistische ervaring. Het interieur bestaat uit niets meer dan gietijzeren pilaren en kale muren. Het schilderij verandert met de seizoenen door het daklicht. Op druilerige winterdagen oogt het schilderij dan ook grijzer en killer dan op een zonnige zomerdag.

HET STADHUIS
SPUI 70
2511 BT DEN HAAG
(070) 14070

Het 50 meter hoge atrium van dit imponerende gebouw van de Amerikaanse architect Richard Meier is een van de grootste overdekte ruimtes van Europa. Alle gemeenteloketten, kantoren en openbare voorzieningen zoals een bibliotheek zijn verzameld in de twaalf verdiepingen rond deze binnenplaats. Binnen- en buitengevels zijn bekleed met metalen platen met een glanzende witte toplaag van porselein. Door het enorme glazen daklicht voelt het aan als een plein in de buitenlucht. Er is maar weinig architectuur in Nederland met een groter technocratisch gebaar dan dit witte gevaarte.

DE BALJURK
VERRIJN STUARTLAAN 50
2288 EP RIJSWIJK
(070) 3192636

Ergens in de jaren 90 werden vier gebouwen gesloopt in deze sjofele winkelstraat. De gevel van de nieuwbouw werd bekleed met een golvend goudkleurig kleed dat oogt als een zwierige baljurk. Vandaar dus de naam van dit opmerkelijke postmoderne gebouw van architect Eric Vreedenburgh. Jammer genoeg zijn de winkels achter de gevel minder uitgesproken.

insider tips

ZANDMOTOR
DEZANDMOTOR.NL

Peter Bilak is grafisch ontwerper en uitgever van designmagazine *Works That Work*. In dit compacte tijdschrift dat halfjaarlijks verschijnt, wordt in amper honderd pagina's een reis langs aansprekende architectuur en boeiend design op de wereld gemaakt. Maar geen protserige Dubai-hotels of strandvilla's in Miami. Het zijn juist de alledaagse interieurs en kunst die worden uitgelicht op helder vormgegeven pagina's van dit *magazine for unexpected creativity*.

'Een bijzonder stukje Nederland is de Zandmotor voor de kust bij Kijkduin. Het is een uniek experiment in kustversterking. Voor de kust is een twee kilometer breed schiereiland aangelegd dat één kilometer ver in zee steekt. Het beschermt de kust tegen overstromingen. Tegelijkertijd wordt een deel van het zand door de getijden verspreid over het strand. Op deze natuurlijke wijze wordt de kust versterkt. De Zandmotor is vrij toegankelijk en je kunt er wandelen over de uitgestrekte zandplaat ter grootte van ruim 250 voetbalvelden. Soms liggen er zelfs zeehonden. De zandplaats is aangelegd in 2011 en verandert voortdurend.'

MUSEUM MEERMANNO | HUIS VAN HET BOEK
PRINSESSEGRACHT 30
2514 AP DEN HAAG
(070) 3462700
MEERMANNO.NL

Dit oudste boekenmuseum ter wereld heeft een bijzondere collectie middeleeuwse manuscripten en vroege boekdrukkunst. Deze collectie wordt getoond in een authentieke negentiende-eeuwse museumsetting. Daarnaast is er een weergaloze collectie bijzonder vormgegeven (kunstenaars) boeken, daterend van 1850 tot het heden. Het museum organiseert vele tentoonstellingen over het boek als object van kunstnijverheid en design. Voor de ware bibliofiel en boekontwerper!

STROOM
HOGEWAL 1-9
2514 HA DEN HAAG
(070) 3658985
STROOM.NL

Het architectuurcentrum Stroom is in 1989 opgericht als onafhankelijk platform met tentoonstellingen en manifestaties over architectuur en design maar ook kunst en wetenschap. Ook is er een uitstekende bibliotheek met boeken over (Haagse) architectuur.

HEMELS GEWELF
MACHIEL VRIJENHOEKLAAN 175
2555 NA DEN HAAG

De grote Amerikaanse kunstenaar James Turrell maakt imposante installaties die in het landschap zijn geïntegreerd. Elk werk is specifiek ontworpen voor de desbetreffende locatie. In de duinen van Den Haag legde Turrell een kunstmatige krater aan. De muur van aarde is begroeid met gras en valt daardoor nauwelijks op in het omliggende duinlandschap. Door de directe aanwezigheid van de zee worden er altijd wolken en ook regen voortgedreven door de eeuwige zeebries, terwijl het in de krater windstil blijft. Bezoekers van deze 'kluis' kunnen dus in alle rust de hemelbewegingen bestuderen. Daarvoor zijn in het midden van de krater twee houten ligbanken aangelegd. Op de naastgelegen duin is een bank geplaatst, vanwaar de krater bestudeerd kan worden. Een betonnen trap wijst bezoekers de weg naar dit theater, waar de natuurlijke elementen de enige hoofdrol vervullen.

shop

PASSAGE
DE PASSAGE
2511 AC DEN HAAG
DEPASSAGE.NL

De Passage werd geopend in 1885 en is daarmee het oudste winkelcentrum van Nederland. Het is ontworpen door de architecten H. Wesstra and J.C. van Wijk in de op het buitenland georiënteerde neorenaissancestijl. In 1929 werd het complex uitgebreid met Hofweg, dat is gebouwd in een meer expressionistische stijl. De Passage is enig in zijn soort in Nederland en doet dan ook denken aan Milaan of Parijs. In 2014 werd een ingrijpende renovatie afgerond onder auspiciën van Matteo Thun, waarbij de gevels werden bekleed met eigentijdse tegels. Binnen bevinden zich naast de onvermijdelijke winkelketens ook authentieke speciaalzaken als pennenwinkel P.W. Akkerman (Passage 15, www.vulpennen.nl). Op de Hofweg naast de entree van de Passage ligt grand café Dudok, een populaire hang-out voor politici en journalisten.

WAUW
PIET HEINSTRAAT 57
2518 CC DEN HAAG
(070) 2013737

Het Zeeheldenkwartier, aan de rand van het centrum, staat bekend als de creatieve wijk van Den Haag. Het is een alternatief buurtje met winkels die je op weinig andere plekken vindt, waaronder ook Wauw, een cadeauwinkel/werkplaats met bijzondere objecten – vaak gemaakt door mensen uit de buurt – (tweedehands) interieuraccessoires, planten en wat al niet meer.

EDWIN PELSER
PIET HEINSTRAAT 123
2518 CG DEN HAAG
(070) 3609237
EDWINPELSER.NL

De Helix lamp van Vroonland & Vaandrager, 'Daddy's chair' van het Arnhemse ontwerpbureau De Vorm, de robuuste 'Black Gold Coffee Pot' van Ineke Hans – alle producten in de collectie van Edwin Pelser hebben een verhaal, dat hij graag met je deelt. Zijn winkel noemt hij 'een huiskamer waar alles te koop is'. Van designstukken tot leuke, betaalbare cadeaus, zoals ballonbootjes en schrijfwaren.

TAS-KA
PRINS HENDRIKSTRAAT 98-104
2518 HM DEN HAAG
(070) 7533995
TAS-KA.NL

Na hun afstuderen aan de Koninklijke Academie voor Beeldende Kunsten, begonnen Jantien Baas en Hester Worst hun eigen ontwerpbureau gespecialiseerd in textiel, Tas-ka. In hun werkruimte/winkel in het Zeeheldenkwartier verkopen ze hun eigen ontwerpen (kussens, tafelkleden, lampen en stof) maar ook werk van beginnende kunstenaars en servies van Marimekko, woonaccessoires van Hay en een kleine collectie vintage meubels.

GALERIE GUTHSCHMIDT
PRINSESTRAAT 39
2513 CA DEN HAAG
(070) 3647192
WWW.GALERIEGUTHSCHMIDT.NL

Intiem en toegankelijk zijn de sleutelwoorden voor Galerie Guthschmidt. Hier kunnen sieraden worden gekocht, maar ook slechts worden bewonderd op de wisselende exposities. Expressief is de collectie zeker: eigenares Marleen Guthschmidt is ervan overtuigd dat sieraden onlosmakelijk zijn verbonden met emoties.

KIKKE SPULLE!
WESTEINDE 43
2512 GT DEN HAAG
(070) 3805340
KIKKESPULLE.NL

De naam is onmiskenbaar Haags maar het aanbod is internationaal. Om niet te zeggen kosmopolitisch. Veel vintage dat zo uit een James Bondfilm lijkt gestolen maar ook nieuw design van klassiekers als Eames en Panton. Neem ook een kijkje in hun woon- en accessoirewinkel aan de Frederik Hendriklaan 198.

STROMINGEN
PRINSESTRAAT 48
2513 CE DEN HAAG
(070) 3637112
STROMINGEN.NL

Galerie Stromingen is dé plek voor art deco uit de jaren 20 en 30. De staf is zeer deskundig en kan adviseren bij restauratie of taxatie. Topstukken uit het aanbod zijn houten meubels in Amsterdamse Schoolstijl en het modernere buismeubilair van W.H. Gispen. Van museale waarde is het glaswerk met art-deco-ontwerpen van onder meer A.D. Copier en K.P.C. de Bazel.

AMÁLIA
MOLENSTRAAT 18 B
2513 BK DEN HAAG

Concept store Amália ligt op steenworp afstand van Paleis Noordeinde maar heeft, ondanks de naam, niets met de Oranjes van doen. Het assortiment bestaat uit uitsluitend Portugese producten. Potjes jam, specerijen, sardientjes, exclusieve wijnen en dames- en herenschoenen van de Portugese designer Filipe Sousa. Naast een winkel is Amália ook een lunchcafé waar de lekkerste 'pastéis de nata' (Portugese gebakjes) te proeven zijn.

SPOTT DESIGN
NOBELSTRAAT 3A
2513 VB DEN HAAG
(06) 24573526
SPOTTDESIGN.COM

Eigenaar Frank Veninga stroopt het wereldwijde vintage designaanbod af op zoek naar de beste spullen voor zijn zaak. Hij koopt alleen wat hijzelf mooi vindt: lampen, klokken, stoelen en kleurrijk glaswerk uit met name de jaren 50 en 60.

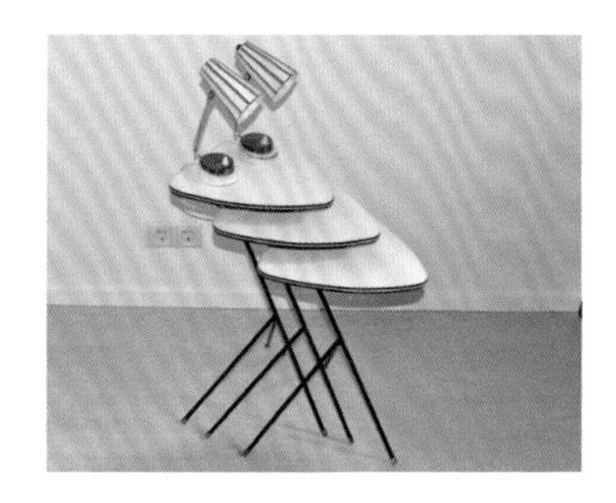

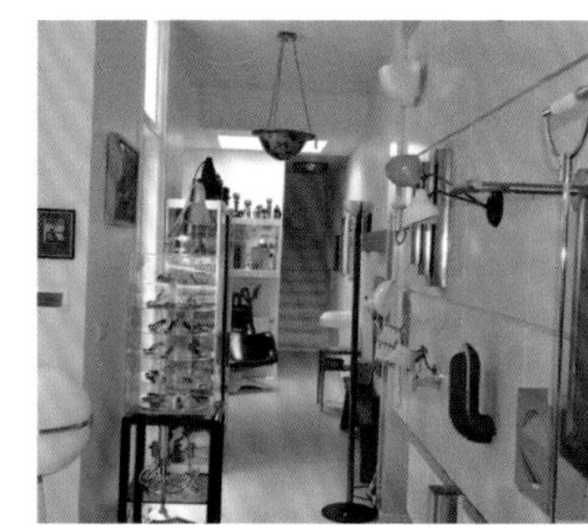

DEN HAAG
HANTING CUISINE
P 124

eat & drink

RESTAURANT CALLA'S
LAAN VAN ROOS EN DOORN 51A
2514 BC DEN HAAG
(070) 3455866
RESTAURANTCALLAS.NL

Calla's is een van de weinige restaurants met een Michelinster waarvan het interieur (ontworpen door FG Stijl) nog indrukwekkender is dan het menu. Dat zegt overigens niets over de kwaliteit van het eten, want dat is subliem (rundvlees, klaargemaakt op lage temperatuur, met seizoensgebonden groenten en Montepulciano wijnsaus). Het restaurant, geopend in 1998, is gevestigd in een negentiende-eeuws pand dat veel weg heeft van een koetshuis. Op de begane grond vind je de champagnelounge – de perfecte plek voor een aperitief – die door een geborduurd zijden kamerscherm wordt gescheiden van de chef's table. De centrale trap leidt naar de eerste verdieping, naar de langgerekte eetkamer waar aan beide zijden ronde eettafels staan opgesteld. Daglicht sijpelt naar binnen door de dubbele deuren en ramen, en weerspiegelt in de Oostenrijkse kristallen wandlampen en andere reflecterende oppervlakken zoals een langgerekte wijnkoeler. Als je echt wilt genieten van je avondje uit, reserveer dan een plaatsje met uitzicht op de marmeren keuken. Acht stoelen (gemaakt van hagedishuid met Fendi-prints) bieden gasten de mogelijkheid om te genieten van het gastronomische 'circus' dat zich ontvouwt tijdens de lunch en het diner.

WOX
LANGE VOORHOUT 51
2514 EC DEN HAAG
(070) 3653754
WOX.NL

Witte muren, zwarte leren banken en sculpturale spotlights aan de muur. Wox is hip. Het is zelfs zo hip dat wanneer in het weekend de klok elf slaat, de tafels worden verplaatst om een grote dansvloer te creëren. En het eten? Minimalistisch en hip natuurlijk.

ONI
PRINSESTRAAT 35
2513 CA DEN HAAG
(070) 3645240
ONI-RESTAURANT.NL

Sushi en minimalisme zijn de eerste dingen die te binnen schieten als je denkt aan een Japans restaurant. Maar Oni serveert meer dan alleen sushi en de inrichting is eigenlijk heel uitbundig. Bijzonder zijn de gekleurde verlichting en de 'catwalk' die dwars door het restaurant loopt. De gerechten worden geserveerd in Japanse lakdozen.

MAXIME
DENNEWEG 10B
2514 CG DEN HAAG
(070) 3609224
WWW.RESTAURANTMAXIME.NL

Maxime ziet eruit als een chique Parijse brasserie. Het interieur is ontworpen door FG Stijl, hetzelfde ontwerpbureau dat Calla's inrichtte. Het glanzend zwarte houtwerk en de vele spiegels in combinatie met de rijke patronen van de gestoffeerde banken, geven het interieur een chique uitstraling. De limoenkleurige kwastjes, handgeblazen lampen en kralen die rondom de lampenkappen zijn aangebracht, maken het geheel ook een tikkeltje speels.

DEKXELS
DENNEWEG 130
2514 CL DEN HAAG
(070) 3659788
WWW.DEKXELS.NL

Ondanks zijn eigentijdse interieur – of misschien wel dankzij – is Dekxels een klassieker geworden in Den Haag. De keuken is een mix van oosters en mediterraan. De gerechten zijn net zo kleurrijk en trendy als het interieur van het restaurant. Voor sommigen zijn de kleurrijke details misschien iets te veel van het goede.

HANTING CUISINE
PRINSESTRAAT 33
2513 CA DEN HAAG
(070) 3620828
HANTINGCUISINE.NL

Chef Han, trotse bezitter van een Michelinster, is een meester in details. Zijn gerechten, een mengeling van de Chinese en de Franse keuken, zijn subliem qua smaak en een lust voor het oog. Bovendien is alles wat Han en zijn vrouw Ting serveren conform de oude Chinese voedingsleer die rekening houdt met de effecten van de verschillende producten op het menselijk lichaam. 'Gewoon' genieten van de eendenbout of lamsrugfilet mag ook – de theorie wordt alleen geserveerd aan wie er nadrukkelijk om vraagt. Het interieur is een mengeling van mystiek oriëntaals en modern.

RESTAURANT WATERPROEF
DR. LELYKADE 25-27
2583 CL SCHEVENINGEN
(070) 3588770
RESTAURANTPROEF.NL

Strikt genomen geen Den Haag, want gelegen aan de tweede binnenhaven in Scheveningen, maar een aanrader voor wie even wil uitwaaien aan zee. Visrestaurant Waterproef biedt plaats aan maar liefst honderd personen en heeft daarnaast nog een terras met uitzicht op de voorbij varende bootjes. Binnen is het stijlvol ingericht met witgedekte tafeltjes en comfortabele stoelen rond een grote bar. Blikvanger op de eerste verdieping is de glazen vitrine met flessen wijn.

LOGISCH ETEN & DRINKEN
MALIESTRAAT 9
2514 CA DEN HAAG
(070) 3635259
RESTAURANTLOGISCH.NL

Logisch staat voor bio-logisch, maar dan zonder geitenwollen getut. De inrichting van de kleine pijpenla is strak en de meubels zijn ontworpen met aandacht voor mens en milieu: de bar is van gerecycled hout, de vloer is duurzaam en de verlichting komt van energiezuinige led-lampjes. Op de kaart staan simpele maar smakelijke gerechten met ingrediënten van het seizoen.

THE PENTHOUSE
RIJSWIJKSEPLEIN 786
2516 LX DEN HAAG
(070) 3051000
THEPENTHOUSE.NL

Geïnspireerd op het Flat Iron Building in New York is de Haagse Toren, in de volksmond ook wel het Strijkijzer genoemd, gebouwd op een zeer kleine driehoekige kavel. De toren, een ontwerp van AAArchitecten, biedt ruimte voor wonen, werken en uitgaan. Helemaal bovenin is The Penthouse restaurant & skybar gevestigd. Het interieur is minimalistisch en spaarzaam verlicht, waardoor alle aandacht naar het uitzicht gaat.

insider tips

JUNK FOOD
PIET HEINSTRAAT 82A
2518 CK DEN HAAG
JUNKFOODKITCHEN.COM

WIENER KONDITOREI
KORTE POTEN 24
2511 EE DEN HAAG
(070) 3600549
WIENERKONDITOREI.NL

Marlies van Putten en Rutger de Regt werken samen onder de naam Handmade Industrials. Het duo maakt onorthodoxe meubels volgens zelf ontwikkelde productietechnieken. Hun bekendste ontwerp is de *Happy Misfit*, waarbij een ballon wordt gevuld met piepschuimkorrels en een epoxyverharder. Vervolgens wordt de ballon met banden om een stoel gespannen. Als de schuimkorrels zijn uitgehard, is de ballon gefixeerd in de vorm van de stoel. Ten slotte wordt de kunststof afgewerkt met een zachte rubberlaag.

'Junk Food is geen restaurant maar je kunt er wel eten. Het is ook geen winkel en toch kun je er de lekkerste dingen kopen. Ze hebben er kant-en-klare maaltijden maar het is geen afhaal. Ze koken ook op locatie, vanuit een oude brandweerauto, die geen food truck is. Dat noemen ze dan 'keetering', wat niet hetzelfde is als catering. Het eten is verantwoord maar niet biologisch. Lokaal is het sleutelwoord. Hamburger met verse vijgen en Taleggio met vanillezout-frites, lekker! In de zomer zit je er heerlijk in de zon op het bankje voor de deur – uiteraard met lekkere hapjes.'

In Den Haag vind je de enige historische coffeeshop van het land: Wiener Konditorei. Deze koffie- en banketzaak bestaat sinds 1934 en de schoonheid ervan is dat in al die tijd het interieur nauwelijks is veranderd. Hetzelfde geldt voor het menu: ze serveren nog steeds Oostenrijks gebak en Weense koffie.

LAPSANG
OUDEMOLSTRAAT 11 A
2513 BA DEN HAAG
(070) 3603598
LAPSANG.NL

Lapsang ligt midden in het sfeervolle Hofkwartier, in een klein zijstraatje tussen het Noordeinde en de Prinsestraat. Het knusse zaakje opende zijn deuren in de jaren 70 en groeide uit tot een begrip in Den Haag. Zo'n drie decennia later namen twee zussen de boel over, maar de naam en het interieur met Franse inslag zijn vrijwel onveranderd gebleven. Overdag is het de perfecte plek voor een kopje exclusieve thee en een broodje. 's Avonds wordt de zaak omgetoverd in een wijnbar waar je kunt kiezen uit driehonderd verschillende wijnen en zestien verschillende hapjes.

MILLERS
PLEIN 8-9-10
2511 CR DEN HAAG
(070) 3629043
MILLERSDENHAAG.NL

Het retro-interieur van Millers is wellicht even wennen, maar de sfeer is ontspannen en als je eenmaal binnen bent, zit je voor de rest van de avond gebakken. Millers heeft een restaurant, een bar, een lounge, een club (met een led-aangedreven Saturday Night Feverachtige dansvloer) en een wijnbar genaamd Crystal.

DEN HAAG
KURHAUS
P 130

sleep

KURHAUS
GEVERS DEYNOOTPLEIN 30
2586 CK DEN HAAG
(070) 4162636
KURHAUS.NL

In 1818 was er al een houten paviljoen op deze plek aan de Noordzee. Het huidige hotel het Kurhaus dateert van 1886 en is in neorenaissancistische stijl opgetrokken. De art-nouveaukenmerken in het interieur zijn helaas achter de betimmering verdwenen, maar er valt nog veel moois te zien. Beroemde gasten waren Sir Winston Churchill, Duke Ellington, Marlene Dietrich en Miles Davis, en in 1964 gaven de Rolling Stones hier hun eerste concert in Nederland (dat al na drie nummers werd afgeblazen omdat er rellen uitbraken). In het restaurant hangen kunstwerken van Wassily Kandinsky en de plafondschilderingen in de Kurzaal, waarop taferelen van de jacht, visserij, muziek, Neptunus en de tekens van de dierenriem zijn afgebeeld, hebben de monumentenstatus. Alles in dit grand hotel ademt nostalgie. Wie echt de grandeur van weleer wil ervaren, bestelt een high tea op zondag en gaat daarna flaneren op het strand.

RESIDENZ
SWEELINCKPLEIN 35
2517 GN DEN HAAG
(070) 3646190
RESIDENZ.NL

Het pand waarin Residenz is gehuisvest heeft een rijke geschiedenis. Het werd in 1918 gebouwd als een luxueus gastenverblijf voor mensen die terugkeerden uit Indonesië, destijds een Nederlandse kolonie. Ook was het enige tijd de verblijfplaats van de Spaanse consul, voordat het werd omgebouwd tot een hotel. Het hotel beschikt over vier comfortabele suites en een appartement

PALEIS HOTEL
MOLENSTRAAT 26
2513 BL DEN HAAG
(070) 3624621
PALEIS-HOTEL.NL

dat de hele verdieping beslaat. Het is een klein hotel met een bed-and-breakfastachtige charme. De eigenaren noemen het interieur urban chic met een vleugje theater. Wij noemen het romantisch.

Natuurlijk, dit hotel is luxueus en verfijnd, maar de naam Paleis Hotel is op de eerste plaats gekozen vanwege zijn locatie naast Paleis Noordeinde, het werkpaleis van de koning. De kamers die uitkijken op de tuinen van het paleis zijn uniek. Kosten noch moeite zijn gespaard om dit hotel een chique, bijna vorstelijke *look and feel* te geven. De zilveren theepotten, het met de hand beschilderde porselein en knisperend wit tafellinnen geven cachet aan het uitstekende ontbijt. Alle twintig kamers zijn chic gerenoveerd en passen bij de geschiedenis van het gebouw. Nog steeds niet overtuigd van de uitbundigheid van deze plek? De exclusieve stoffen die voor de aankleding van dit hotel zijn gebruikt, zijn afkomstig van het beroemde Franse designhuis Pierre Frey.

P 142

rotterdam

must...

grow

In 2015 werd de Luchtsingel geopend en nu al is deze opvallende gele voetgangersbrug een van de markantste gebouwen van Rotterdam. Alleen al omdat de houten brug door de Rotterdammers zelf wordt gebouwd. Dat wil zeggen, het is een initiatief van het lokale architectenbureau ZUS en wordt betaald door de inwoners dankzij crowdfunding. De namen van deze donateurs staan in de houten planken gegraveerd. De brug begint bij het nieuwe Centraal Station en loopt tot het oude Station Hofplein. In de bogen onder dit station zitten nu hippe horeca en winkels, en het voormalige perron wordt een evenemententerrein. In de toekomst vertakt de gele constructie zich nog verder door het centrum. Het curieuze bouwwerk loopt ook dwars door het Schieblok, een markante broedplaats voor creatieve bedrijven met op de begane grond de winkel Groos, een restaurant en Architour waar je een architectuurrondleiding door Rotterdam kunt boeken. De Luchtsingel is het toonbeeld van 'geen woorden maar daden' en is daarmee het nieuwste icoon van Rotterdam.

www.luchtsingel.org

see

shop

eat & drink

sleep

walk

see

GALERIE VIVID
SCHEEPMAKERSHAVEN 17
3011 VA ROTTERDAM
(010) 4136321
GALERIEVIVID.COM

Al meer dan tien jaar is galerie Vivid dé plek in Nederland om exclusief Dutch design te kopen. 'Onze start viel samen met de opkomst van het beroemde Dutch design', zegt oprichter Aad Krol. 'De eerste verbrande tafel van Maarten Baas stond bij ons. Hetzelfde geldt voor Bert Jan Pot met zijn *Random Light*.' Tot de vaste stal van Vivid behoren onder anderen Joep van Lieshout en Richard Hutten. Maar ook de Spaanse ontwerper Jaime Hayon en het Britse duo Studio Glithero waren er al te zien. Galerie Vivid is klein, maar uniek in de zin dat het een van de weinige plekken in Nederland is waar publiek en ontwerpers elkaar regelmatig kunnen treffen. Hella Jongerius verplaatste haar atelier enkele jaren geleden zelfs een aantal weken naar de galerie, waar bezoekers haar vrijwel dagelijks aan het werk konden zien.

HET NIEUWE INSTITUUT
MUSEUMPARK 25
3015 CB ROTTERDAM
(010) 4401200
HETNIEUWEINSTITUUT.NL

Officieel een kennisinstituut maar Het Nieuwe Instituut organiseert ook sterke tentoonstellingen, interessante lezingen en actuele debatten. Ook beschikt het instituut over een uitmuntende boekhandel. Er worden jaarlijks ongeveer vier tot acht exposities georganiseerd, variërend van specialistische presentaties van werk van onbekende architecten tot laagdrempelige shows over de woonkamer in de jaren 70. Maar de troef van HNI is de collectie die bestaat uit vijfhonderd archieven en verzamelingen van Nederlandse architecten, stedenbouwkundigen, beroepsverenigingen en opleidingen uit de periode 1850-1980. Van de originele bouwtekeningen van de Beurs van Berlage in Amsterdam tot de bouwtekeningen van het Rietveld-paviljoen in het Kröller-Müller Museum op de Veluwe. Zelfs het vroege werk van Rem Koolhaas ligt veilig opgeborgen in de archiefkasten van HNI.

HUIS SONNEVELD
JONGKINDSTRAAT 12
3015 CG ROTTERDAM
(010) 4401200
HUISSONNEVELD.NL

Naast Het Nieuwe Instituut staat de museumwoning Sonneveld. Het is een van de best bewaarde woonhuizen in de stijl van het Nieuwe Bouwen, het Nederlandse antwoord op het verstikkende in beton gehouwen modernisme van Le Corbusier. Het is begin jaren 30 ontworpen door architectenbureau Brinkman en Van der Vlugt, bekend van de Van Nellefabriek en het Feyenoordstadion. Hier kun je ervaren hoe het is om anno 1933 in een hypermodern huis te wonen. De woning heeft voor die tijd zeer moderne voorzieningen zoals een douche met tien douchekoppen en een elektrisch belsysteem in de eettafel om de dienstbode te kunnen roepen.

KUNSTHAL
WESTZEEDIJK 341
3015 AA ROTTERDAM
(010) 4400301
KUNSTHAL.NL

Dé trekker van de Kunsthal is natuurlijk de architectuur van Rem Koolhaas, die het gebouw in 1996 ontwierp. Het is het eerste gebouw dat Koolhaas heeft ontworpen voor zijn geboortestad. Maar ook het extreem gevarieerde expositieaanbod maakt dit museum zonder een eigen collectie interessant. Om je een indruk te geven, in 2015 zijn er exposities te zien van: opmerkelijke ansichtkaarten uit de vroeg 20ste eeuw, een fotoserie van de Rotterdamse kunstenaar Wim Gijzen die in 1972 alle 863 gemeenteborden in Nederland nauwkeurig heeft gedocumenteerd en het absurdistische, licht ironische werk van de veelzijdige Nederlandse kunstenaar Parra. Omdat er altijd meerdere exposities tegelijk te bezichtigen zijn – vaak wel drie of vier – biedt de Kunsthal een avontuurlijke reis door verschillende werelddelen en kunststromingen, van elitair tot populair.

V2

EENDRACHTSSTRAAT 10
3012 XL ROTTERDAM
(010) 2067272
V2.NL

Je moet maar net weten dat achter die onopvallende zwarte deur in dat rare laad-en-los-steegje V2 is gevestigd, de vermaarde denktank op het gebied van *unstable media*. Het instituut organiseert debatten, manifestaties, exposities, presentaties en lezingen op het snijvlak van nieuwe media, kunst, technologie, wetenschap met, vooruit, een vleugje politiek. De uitwerking van deze programma's is soms hoogst intellectueel maar soms ook aanstekelijk eenvoudig. Ter illustratie: baanbrekende innovaties zoals nieuwe vormen textiel (bijvoorbeeld een stof die van transparant kan veranderen in ondoorzichtig) worden getoond in een modeshow. En over zoiets alledaags als een smartphone-app met straatkunst kan zomaar een weekend durend symposium worden georganiseerd. Check de website voor de activiteiten; V2 heeft geen vast programma. And expect the unexpected!

HET NEDERLANDS FOTOMUSEUM

WILHELMINAKADE 332
3072 AR ROTTERDAM
(010) 2030405
NEDERLANDSFOTOMUSEUM.NL

Op een speelse manier maakt het Nederlands Fotomuseum negentigduizend beelden uit zijn collectie toegankelijk – zowel met prints aan de muur als op de vele computerschermen in het museum. Daarbij zijn de foto's en films voorzien van tekst en geluid waardoor de verhalen achter de foto's kunnen worden ontdekt. In een centrale ruimte op de eerste verdieping van het museum staat beeld- en geluidsapparatuur waar je zelf mee aan de slag kunt. Behalve op foto's en films wordt er ook ingezoomd op de omstandigheden waaronder fotografen werkten, en de tijd waarin zij fotografeerden. Vergeet vooral niet een kijkje te nemen in de museumshop en het café. De tafels, stoelen, lampen en vitrinekasten, bestaande uit scheef gestapelde blokken in zwart, wit en grijs, zijn door Richard Hutten ontworpen.

SS ROTTERDAM

3DE KATENDRECHTSEHOOFD 25
3072 AM ROTTERDAM
(010) 2973090
SSROTTERDAM.NL

SS Rotterdam is een cruischip dat is gebouwd in 1959. Na tien jaar voor de Holland-Amerika Lijn (HAL) te hebben gevaren tussen Rotterdam en New York werd het schip in 1968 omgebouwd tot cruiseschip. Dertig jaar voer het door het Caribisch gebied, waarna het na een geldverslindende renovatie een museum werd en in Rotterdam voor anker ging. Het schip is een nostalgische showcase van het kosmopolitische design uit de sixties en seventies – de wereld van John Player Special en Martini Bianco. Het schip fungeert regelmatig als locatie voor historische films en trendy reclames. Naast een casino en feestlocatie is het schip ook een hotel.

MUSEUM BOIJMANS VAN BEUNINGEN
MUSEUMPARK 18
3015 CX ROTTERDAM
(010) 4419400
BOIJMANS.NL

Museum Boijmans Van Beuningen is – met het Stedelijk Museum in Amsterdam – het toonaangevende museum in Nederland op het gebied van kunst en vormgeving. De collectie strekt zich uit van de late middeleeuwen tot gisteren. Zo beschikt 'het Boijmans', zoals het museum in de volksmond heet, over de grootste collectie modernistisch kantoormeubilair uit Nederland. Ook de vaste collectie design bevat zowel middeleeuws serviesgoed en kostbare siervoorwerpen uit de Gouden Eeuw als eigentijdse exemplaren Dutch en internationaal design. De entree van het museum is ontworpen door diverse Rotterdamse ontwerpers; de garderobe, een carrousel waarbij de jassen door de bezoekers omhoog worden getakeld, is een veelbekroond ontwerp van de Rotterdamse ontwerpster Wieki Somers.

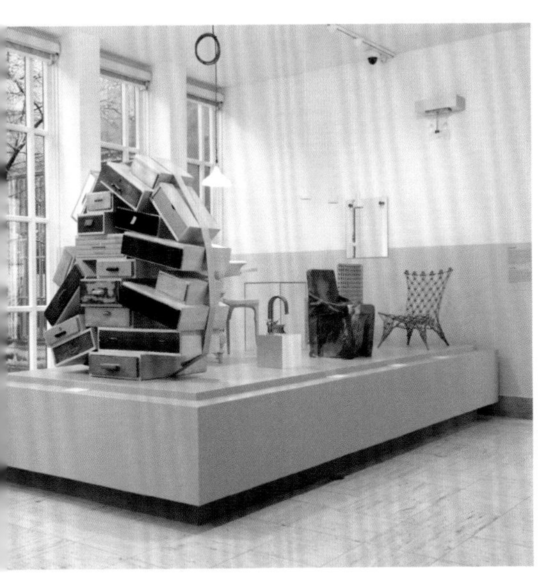

DE MARKTHAL
DS. JAN SCHARPSTRAAT 298
3011 GZ ROTTERDAM
(030) 2346486
MARKTHALROTTERDAM.NL

Zonder twijfel het meest bizarre gebouw van Rotterdam, ontworpen door het vermaarde architectenbureau MVRDV. Een langgerekte koepel van 125 meter lang, 70 meter breed en 40 meter hoog die fungeert als een overdekte markt. De reusachtige entrees zijn afgesloten met de grootste glaswand van Nederland. In de gekromde bogen zitten 228 appartementen. De markt bestaat uit ruim honderd eetkraampjes met cappuccino en schimmelkaas tot Surinaamse roti en Zaanse mosterd. Maar nog imposanter dan deze cijfers is de binnengevel die is bekleed met een kunstwerk ter grootte van twee voetbalvelden. Het mozaïek bestaande uit vierduizend panelen toont sterk uitvergrote vruchten, groenten, granen, vissen, bloemen en insecten. De toepasselijke titel is dan ook 'Hoorn des Overvloeds', een verwijzing naar de mythologische verbeelding van overvloed en verzadiging.

WORM
BOOMGAARDSSTRAAT 71
3012 XA ROTTERDAM
(010) 4767832
WORM.ORG

Worm organiseert concerten, veelal met experimentele, elektronische muziek. Maar het is geen concertzaal. Ook worden er films vertoond. Maar Worm is geen bioscoop. Er is een bar, maar het is geen café.

Worm is wat ze zelf noemen een 'instituut voor Avantgardistische Recreatie'. Het interieur is van SuperUse Studio (voorheen het vermaarde bureau 2012 Architecten) en opgebouwd uit gerecyclede bouwmaterialen.

TENT
WITTE DE WITHSTRAAT 50
3012 BR ROTTERDAM
(010) 4135498
TENTROTTERDAM.NL

Sinds 1999 signaleert en presenteert TENT markante ontwikkelingen en bepalende kunstenaars in de Rotterdamse beeldende kunst en incidenteel ook vormgeving. De kolossale ruimte is gevestigd in een karakteristiek oud schoolgebouw in de culturele Witte de Withstraat. Bij TENT maak je kennis met de actualiteit van de kunst in Rotterdam.

GALERIE ECCE
WITTE DE WITHSTRAAT 17
3012 BL ROTTERDAM
(010) 4139770
GALERIE-ECCE.NL

Het is dat Galerie Ecce geen gordijnen, behang en vloeren verkoopt, anders kon je hier naar buiten lopen met een volledig verzorgd interieur. In de drie ruimtes worden beeldende kunst, design en sieraden getoond. De meubels worden in eigen beheer ontworpen en geproduceerd. De ruime keuze uit zitmeubels bestaat uit banken, chaises longues en fauteuils. De interieuraccessoires in de galerie zijn van bekende merken als Alessi en Danish Design. De kunst bestaat veelal uit stoere, abstracte sculpturen van geroest cortenstaal en figuratieve beelden van brons. De fotografie varieert van abstract tot realistisch.

WITTE DE WITH
WITTE DE WITHSTRAAT 50
3012 BR ROTTERDAM
(010) 4110144
WDW.NL

Bij de opening in 1990 was het doel van Witte de With om een alternatief te zijn voor het klassieke museum voor moderne kunst. Van een traditionele expositieruimte heeft Witte de With zich ontpopt tot een kunstinstituut dat niet alleen exposities organiseert en samenstelt, maar ook opdrachten geeft aan kunstenaars voor projecten. Deze projecten kunnen variëren van onderzoek tot concrete kunstwerken, wat er in de praktijk op neerkomt dat de werken (veelal installaties en mixed media) een hoog intellectueel gehalte hebben. Ook worden er design, (theater) performances en symposia gepresenteerd en publiceert Witte de With zijn eigen boeken.

KUBUSWONINGEN
OVERBLAAK 70
3011 MH ROTTERDAM
(010) 4142285
KUBUSWONING.NL

Beroemder dan de Erasmusbrug of de Kunsthal zijn de kubuswoningen van de Nederlandse architect Piet Blom. Het principe is simpel: een gekantelde kubus is op een grote kolom geplaatst. Zo kon de ruimte onder de bebouwing openbaar blijven, een idee dat Blom had afgekeken van Le Corbusier. De dragende kolommen en de vloeren zijn uitgevoerd in gewapend beton, de gekantelde kubus bestaat uit een houten skelet dat van binnen en buiten is afgewerkt met cement en verwerkt hout. Het complex van kubuswoningen wordt ook wel het Blaakse Bos genoemd, een verwijzing naar de visie van de architect waarin elke woning een boom voorstelt en het totale complex een bos. Het idee was een soort dorp in de grote stad, een veilige omgeving waarin diverse functies waren ondergebracht. Een van de kubuswoningen is ingericht als museum, de overige worden nog steeds bewoond.

P 150

shop

GROOS
SCHIEKADE 203
3013 BR ROTTERDAM
(010) 4145816
GROOSROTTERDAM.NL

In een oud kantoorgebouw – dat een tweede leven heeft gekregen als verzamelplaats voor creatieve bedrijfjes – huist Groos, een klein warenhuis met producten van Rotterdamse makelij. Je treft er kleding, kunst, boeken, woon- en modeaccessoires van zowel gevestigde namen als nieuw ontwerptalent. Volgens de twee oprichters zijn het stuk voor stuk producten waar je trots op mag zijn. Groos is namelijk een oud-Hollands woord voor trots, dat nog regelmatig opduikt in het idioom van Rotterdammers. Vanuit de winkel loop je zo naar het naastgelegen BAR, waar de setting evenzo rauw en industrieel is. Overdag kun je hier terecht voor koffie en lunch, 's avonds wordt er soul food geserveerd en gefeest.

WESTELIJK HANDELSTERREIN
VAN VOLLENHOVENSTRAAT 15
3016 BE ROTTERDAM
(06) 51756281
WHT-ROTTERDAM.NL

Achter de statige gevels van de Van Vollenhovenstraat in het Scheepvaartkwartier vind je moderne-kunstgaleries, exclusieve winkels en restaurants met keukens van over de hele wereld. Een glazen dak beschermt dit negentiende-eeuwse steegje tegen wind en regen, waardoor je zelfs op een regenachtige dag kunt genieten van een kopje koffie op het terras. Tussendoor kun je gaan winkelen voor interieuraccessoires of je laten inspireren in een galerie. Met een beetje geluk tref je op het binnenplein van dit 'cultuurpakhuis' zelfs een pop-uptentoonstelling of concert. Dit alles maakt het 'WHT' de ideale plek voor een heerlijk luie middag.

MINI MALL
RAAMPOORTSTRAAT 30
3032 AH ROTTERDAM
(010) 2653391
STATIONHOFPLEIN.NL

Vanaf het door bureau ZUS getransformeerde bedrijfsverzamelgebouw, waar ook Groos is gevestigd, loop je via een 390 meter lange houten brug (de Luchtsingel, eveneens een initiatief van ZUS) zo naar de Mini Mall. In de zeven bogen van het voormalige Hofpleinstation zijn sinds 2012 diverse creatieve ondernemers en horecazaken gevestigd, zoals vintage woonwinkel North Sea Design, jazzclub BIRD en het 'laboratorium' van sterrenkok François Geurds (zie ook EAT). De gezamenlijke ruimte in het hart van de Mini Mall vormt regelmatig het decor voor events en pop-upmarktjes. In de zomer doet zelfs het dak dienst als evenemententerrein.

GALERIE CHRISTIAN OUWENS
EENDRACHTSWEG 20
3012 LB ROTTERDAM
(06) 54765042
CHRISTANOUWENS.NL

Christian Ouwens is als 13-jarige onbedoeld begonnen als collectioneur. Hij vroeg aan tekenaars als Keith Haring en Hergé (van Kuifje) om tekeningen. Pas jaren later kwam hij erachter dat deze tekenaars als kunstenaars worden gezien en dat hun tekeningen flink wat waard zijn. Inmiddels is Christian Ouwens als vormgever, uitgever en galeriehouder gevestigd tegenover het Museumpark in Rotterdam. In het monumentale pand worden de twee etages van de galerie met elkaar verbonden door een in het oog springende trap, ontworpen door Mieke Meijer. De tweede etage ('de verdieping') biedt ruimte aan het ontwikkelen van ideeën, boekuitgaven en het samenstellen van nieuwe tentoonstellingen. In de galerie gaan hedendaagse kunst en (Dutch) design hand in hand. Gevestigde namen worden afgewisseld met nieuw talent.

MAGREETH OLSTHOORN
SCHILDERSTRAAT 5
3011 ER ROTTERDAM
(010) 2827542
MARGREETHOLSTHOORN.NL

Niet zomaar een modezaak maar eentje met een zorgvuldig geselecteerde collectie van cutting edge labels en designers. Met in het assortiment onder meer Rick Owens, Acne, Comme des Garçons, Henrik Vibskov, Wood Wood en Maison Martin Margiela. Ook het winkelinterieur is een design statement.

ROBERT VAN OOSTEROM INTERIORS & FINE ART
VEERLAAN 19 DD (FENIX LOODS II)
3072 AN ROTTERDAM
(010) 2410024
ROBERTVANOOSTEROM.COM

Het is geen winkel en het is geen galerie. Dan moet het wel de showroom van interieurstudio Robert van Oosterom zijn. En dat is niet zomaar een showroom. De tentoongestelde merken zijn *high end* en komen uit binnen- (Moooi, Piet Boon) en buitenland (Paola Lenti, Flos, Jim Thompson). Ook heeft deze winkel een kleine, permanente kunsttentoonstelling met schilderijen, sculpturen en installaties. Verwacht niet dat je de winkel verlaat met een tas vol goodies, maar wel met een hoofd vol inspiratie.

DEPOT ROTTERDAM
PANNEKOEKSTRAAT 66A
3011 LJ ROTTERDAM
(010) 4144448
DEPOTROTTERDAM.NL

Een prachtige winkel waarin werkelijk geen enkel meubelstuk uit de toon valt. Wat toch opmerkelijk is, aangezien de collectie zeer gevarieerd is – van het Scandinavische minimalisme uit de jaren 50 tot het uitbundige Droog Design uit de jaren 90. Andere merken op voorraad zijn: Moooi, Tom Dixon en Hay & String. Het is deze combinatie van klassieke vintage meubels (altijd in een onberispelijke staat) en hedendaags design dat Depot Rotterdam zo bijzonder maakt. En dan te bedenken dat ze ook nog een enorm aanbod accessoires, stoffen en behang hebben. Naast winkel zijn zij tevens ontwerpbureau voor de particuliere en zakelijke markt.

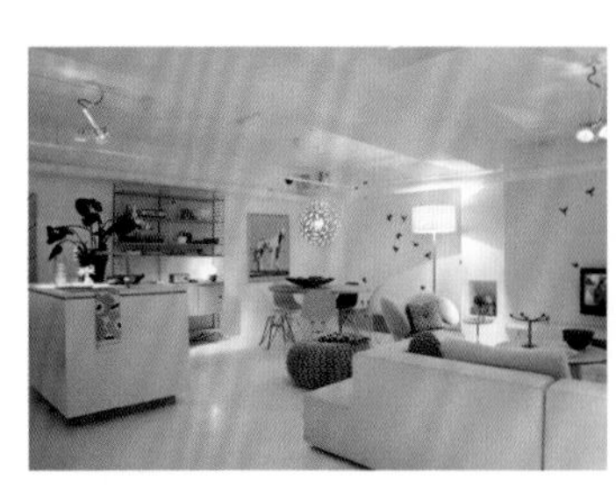

SUSAN BIJL
MAURITSWEG 45 A
3012 JV ROTTERDAM
(010) 7510779
SUSANBIJL.NL

De felgekleurde nylon tassen van ontwerper Susan Bijl zijn niet meer weg te denken uit het Rotterdamse straatbeeld. Man, vrouw, jong, oud, iedereen valt voor de praktische, lichtgewicht tas die belooft onverslijtbaar te zijn. In haar flagshipstore verkoopt ze ook vrolijk gekleurde etuis en beschermhoezen voor tablets.

NEN XAVIER
VAN OLDEBARNEVELTSTRAAT 121 C
3012 GS ROTTERDAM
(010) 34324320
NENXAVIER.NL

In het modehart van Rotterdam, de Van Oldebarneveltstraat, vind je de winkel van Nen Xavier. Met een uitgesproken voorkeur voor tijdloze kleding zonder opsmuk stelt hij zijn collectie samen. Het resultaat is een fijne mix van betaalbare basics en edgy stukken van labels als Acne, Monique van Heist, A.P.C. en Cheap Monday.

VAN BINNEN
MARINIERSWEG 1
3011 NB ROTTERDAM
(010) 2409379
VANBINNEN.COM

De filosofie van woonwinkel Van Binnen is simpel: mooie producten die op ecologisch verantwoorde wijze zijn gefabriceerd. Ze verkopen een uitgebreid assortiment aan biologische natuurverven, gordijnstoffen, meubels en woonaccessoires.

het zwaanshals

CONTEMPORARY SHOWROOM
ZAAGMOLENKADE 41
3035 KA ROTTERDAM
(06) 42273480
CONTEMPORARY-SHOWROOM.COM

Wie zich van de gebaande weg richting het noorden begeeft, komt vanzelf in het Oude Noorden van Rotterdam terecht. Midden in deze wijk ligt Het Zwaanshals, een hippe buurt met een keur aan mode- en designwinkels.

Hier stelt met een scherp oog voor detail en kwaliteit ontwerper Jarno Kooijman de collectie van zijn Contemporary Showroom samen. Het resultaat is een *gallery* vol unieke designobjecten en kunst uit de twintigste eeuw.

& DESIGNSHOP
ZWAANSHALS 520
3035 KS ROTTERDAM
(010) 7511481
EN-DESIGNSHOP.COM

Hoezo less is more? Eigenaren Elwin & Nynke van & designshop houden van en-en. In hun winkel tref je een mix van allerhande designproducten, veelal van jonge (grafisch) ontwerpers. Achterin de zaak werken ze aan diverse ontwerpopdrachten – waaronder een eigen collectie. Ze fabriceren hun sieraden en custom made designobjecten met de hand én met een 3D-printer.

OLGA KORSTANJE
ZAAGMOLENKADE 40
3035 KA ROTTERDAM
(06) 28785761
OLGAKORSTANJE.COM

Olga Korstanje maakt tassen en modeaccessoires van leer, soms ook in combinatie met andere materialen. Haar ontwerpen laten zich het best omschrijven als eenvoudig, tijdloos en karakteristiek. Naast haar eigen label O* verkoopt ze in haar winkel annex werkplaats ook tassen en kleine sieraden van andere labels en ontwerpers, waaronder Coisa, Eva Schreuder, Puc, Siwa, Bep Kosse en Susan Bijl.

JOLINE JOLINK
NIEUWE BINNENWEG 82
3015 BC ROTTERDAM
(010) 7371083
JOLINEJOLINK.COM

Liefhebbers van eenvoudige, elegante kleding en soepele materialen zijn bij Joline Jolink aan het juiste adres. In 2013 verruilde de modeontwerper haar oude stek, de Amsterdamse 9 Straatjes, voor een winkel aan de Nieuwe Binnenweg. Een goede keuze want haar no-nonsensekledinglijn past uitstekend bij het opgestroopte-mouwenimago van Rotterdam.

ROTERDAM
WIJN OF WATER
P 159

eat & drink

FG RESTAURANT
LLOYDSTRAAT 204
3024 EA ROTTERDAM
(010) 4250520
FGRESTAURANT.NL

Voordat François Geurds restaurant Ivy opende in 2009 was hij sous-chef in de Fat Duck, het culinaire mekka van chef-kok Heston Blumenthal. Toch moest hij zich in de nuchtere havenstad Rotterdam opnieuw bewijzen. Maar the new kid on the block is uitgegroeid tot de held van de stad. En terecht. Wat een creativiteit! Wat een bravoure! Dit is geen kok, niet eens een food designer, maar een architect die meesterwerken bouwt van smaken, texturen en kleuren. Natuurlijk wordt er geflirt met de moleculaire keuken waarbij een sorbet van vleesbouillon wordt geserveerd en kreeft met een saus van warme witte chocolade. Bij zoveel spektakel wil je niet in een regenbooginterieur zitten, maar in een ingetogen, chique en tot in de puntjes verzorgde omgeving. En ja, dat mag dan best gelikt zijn. Iets wat Geurds natuurlijk al veel langer wist. Inmiddels is Ivy, na een kostbare gedwongen naamswijziging, omgedoopt tot FG Restaurant.

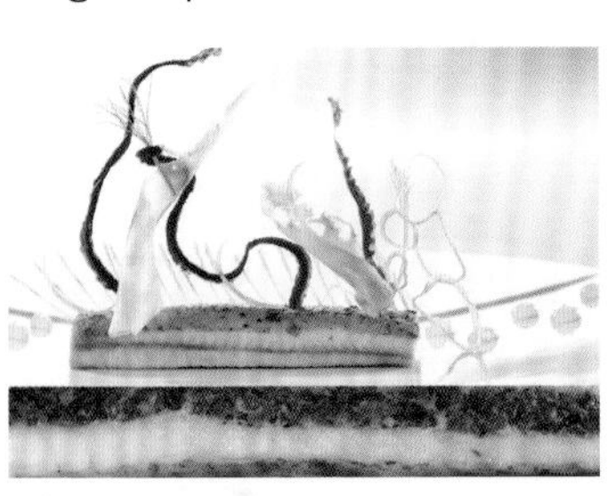

FENIX FOOD FACTORY
VEERLAAN 19
3072 AN ROTTERDAM
FENIXFOODFACTORY.NL

Boerengehucht, volkswijk, Chinatown, havenkwartier, rosse buurt – niet één wijk in Rotterdam is de afgelopen honderd jaar zo vaak van karakter veranderd als Katendrecht. Door zijn geïsoleerde ligging, ingeklemd tussen de Rijn- en de Maashaven, was het lange tijd een wereld apart. Hier kwam in 2012 verandering in, toen de Rijnhavenbrug werd geopend. Inmiddels staat deze 160 meter lange verbinding voor voetgangers en fietsers beter bekend als 'de hoerenloper', een knipoog naar het roemruchte verleden. Het hart van de wijk, het Deliplein, is met de komst van een aantal eigenzinnige cafés en restaurants een heuse publiekstrekker geworden. De nieuwste aanwinst is de Fenix Food Factory, een markthal gevestigd in een oude havenloods. Je vindt er zeven jonge ondernemers die elke bezoeker weten te verleiden met de meest smakelijke producten. Kaas haal je bij Kaasboerderij Booij en een eindje verderop wordt er koffie gebrand door Stielman. Ook tref je er de lekkerste boterhammen van bakker Jordy, en Cidercider, de eerste ciderwinkel van Nederland. En niet te vergeten Rechtstreex (allerlei lekkers rechtstreeks van de boer), Firma Bijten (paté atelier & slagerij) en de Kaapse Brouwers (bierbrouwerij). Met een beetje geluk kun je al dat lekkers verorberen op een zonovergoten terras aan het water.

LUX
'S-GRAVENDIJKWAL 133
3021 EK ROTTERDAM
(010) 4762206
RESTAURANTLUX.NL

Vanaf de hoge plafonds hangen witte vitrages langs grote groene planten. Op de tafels ligt wit linnen en de kaarsen zorgen voor gedempt licht, Het interieur van Lux is een mix van The Sopranos en Mad Men. Het eten is authentiek Siciliaans.

CAFÉ ROTTERDAM
WILHELMINAKADE 699
3072 AP ROTTERDAM
(010) 2908442
CAFEROTTERDAM.NL

Op de bovenverdieping van de voormalige cruiseterminal aan de Maas vind je Café Rotterdam. Het is er luid, het is druk en het is levendig. Op de grote stalen constructie (bouwde de gemeente als opslag voor bagage) op de kade is een prachtig terras waar je in de zomer een onbelemmerd uitzicht hebt op de mooiste skyline van Nederland.

AMARONE
MEENT 72A
3011 JN ROTTERDAM
(010) 4148487
RESTAURANTAMARONE.NL

Stijlvol, uitstekend eten en een onberispelijke bediening – in één woord: basic chic. Ook leuk is het om je eigen wijn uit te zoeken in de gekoelde wijnkamer met keuze uit vijfhonderd flessen. En waarschijnlijk het enige restaurant met een Michelinster waar een hoofdgerecht slechts 35 euro kost. Zoals dan te verwachten is in Nederland: reserveren is aanbevolen.

insider tips

UIT JE EIGEN STAD
MARCONISTRAAT 39
3029 AG ROTTERDAM
(010) 8208909
UITJEIGENSTAD.NL

Hoewel geen geboren en getogen Rotterdammer is Richard Hutten inmiddels uitgegroeid tot een Rotterdams instituut. Vooral ook omdat zijn 'no sign of design'-meubels naadloos aansluiten bij de nuchtere Rotterdamse havenmentaliteit. Daarbij produceert Hutten veel van zijn ontwerpen in zijn eigen studio. Zijn bekendste ontwerpen zijn de *Sexy Relaxy*, een stoel waarbij de benen ietwat uit elkaar moeten worden geplaatst bij het zitten, en de *Domoor*, een grappige drinkbeker met twee grote, ronde handvaten.

'Uit Je Eigen Stad is een uniek restaurant dat uitsluitend kookt met zelfverbouwde groente. Het is zelfs een van de grootste stadsboerderijen van Europa met een grote groenteakker, paddenstoelenbakken en scharrelkippen, die ze zelf slachten. Ze hebben er zelfs grote kweekbakken voor vis. De ligging is natuurlijk fantastisch, pal tegenover mijn studio aan de *designers lane* van Rotterdam. Studio Makkink & Bey en Studio Wieki Somers zitten verderop en Daan Roosegaarde en Joep van Lieshout om de hoek.'

ALOHA BAR
MAASBOULEVARD 100
3063 NS ROTTERDAM
ALOHABAR.NL

Tropicana, het fameuze zwemparadijs aan de Maasboulevard, is omgetoverd tot stadskas waarin duurzaamheid, creatief ondernemerschap, eten en koffie centraal staan. Zo hangen in de kelders, waar vroeger de kleedruimtes van het personeel waren, nu zakken vol stro en koffiedik, afkomstig van de lokale horeca. De combinatie van een donkere, vochtige omgeving en koffieprut zorgt ervoor dat oesterzwammen hier prima gedijen. Ook is er een koffiebranderij en het buitenbad doet sinds de verbouwing dienst als café/restaurant met een bescheiden, maar prima menukaart. In de zomer zijn er strandstoelen met panoramisch uitzicht over de Maas. Het meubilair is gemaakt van materialen afkomstig uit het zwembad en de subtropische sfeer wordt in ere gehouden door een flinke verzameling exotische planten.

WIJN OF WATER
LOODS CELEBES 101
3024 WH ROTTERDAM
(010) 4783006
WIJNOFWATER.NL

Een restaurant in opgeknapte zeecontainers op een voormalige havenpier – zo stoer tref je het alleen in Rotterdam. Het paviljoen is een ontwerp van Bijvoet architectuur & stadsontwerp en biedt een magnifiek uitzicht op de fonkelnieuwe Zeevaartschool, het spraakmakende gebouw van architectenbureau Neutelings Riedijk. Ook het menu is no-nonsense met een vleugje Franse bravoure.

TER MARSCH & CO
WITTE DE WITHSTRAAT 70
3012 BS ROTTERDAM
TERMARSCHCO.NL

Ter Marsch & Co aan de Witte de Withstraat richt zich volledig op de vleeseter. De zaak ontleent zijn naam aan de Rotterdamse worstenfabriek die vroeger in het pand was gevestigd. Op het menu vind je geen worst, maar wel hamburgers en dry-aged entrecote. Het interieur is toepasselijk rauw en stoer: de stalen balken staan nog in de menie en de trap, leuning en de toiletdeuren zijn van onbehandeld staal. De onafgewerkte voegen tussen de rode bakstenen van de lange wand zijn zo gelaten. 's Avonds is het dringen geblazen in de knusse zaak, dus dan trek je – net als vroeger bij de slager – een nummertje.

PARKHEUVEL
HEUVELLAAN 21
3016 GL ROTTERDAM
(010) 4360530
PARKHEUVEL.NL

Fraai in een park en pal aan de Maas gelegen is het genieten in het moderne ronde gebouw dat in 1988 door architect Klunder werd ontworpen. In de keuken van Parkheuvel zwaait patron-cuisinier Erik van Loo de scepter en verdiende daarmee twee Michelinsterren. Deftiger dan dit maak je het niet mee in doe-maar-gewoon Nederland. Wat al een belevenis op zich is.

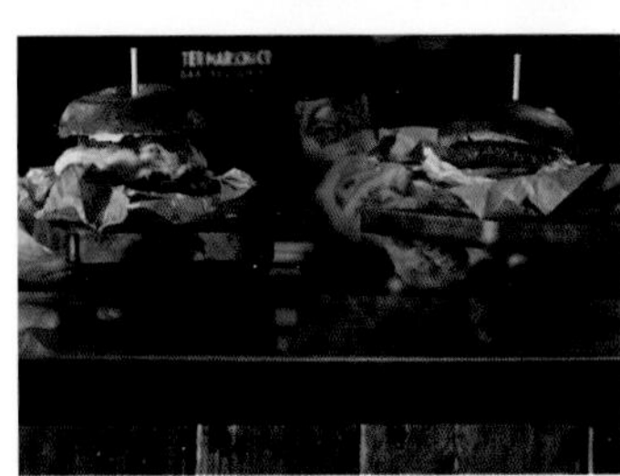

insider tips

SUICIDE CLUB
STATIONSPLEIN 45
SUICIDECLUB.NL
HET TRANSPORTBEDRIJF
SCHIESTRAAT 18
HETTRANSPORTBEDRIJF.COM

LAS PALMAS
WILHELMINAKADE 330
3072 AR ROTTERDAM
(010) 2345122
WWW.RESTAURANTLASPALMAS.NL

Tjeerd Hendriks is mede-eigenaar van Groos, een 'warenhuis' met uitsluitend kunst en design uit Rotterdam. 'We zijn 'groos' op onze stad en dat laten we zien door het beste van onze stad te verkopen voor een schappelijke prijs,' aldus Hendriks. Het winkelaanbod loopt uiteen van koperen designlampen van David Derksen tot Ketelbinkie bier en smulpotjes van 'paté atelier' Firma Bijten; zelf kokkerellen kan met het receptenboek *Zuid Kookt!* Ook op de leestafel liggen Rotterdamse reuzen als dichter Cor Vaandrager en een monografie van grafisch ontwerpstudio 75B. Aan de muur hangen pentekeningen van Rotterdamse iconen als de Hefbrug en het nieuwe NS-station die door kunstenares Saskia Haex zijn 'vergroost'.

'Op het dak van het Groot Handelsgebouw, hét icoon van de Rotterdamse wederopbouwarchitectuur, zit de rooftop bar Suicide Club. Het uitzicht op de stad en het nieuwe CS, nog een gebouw om groos op te zijn, is formidabel. Het aanbod bestaat uit eten van Ivy-topkok Marnix Benschop, cocktails en een intiem dansvloertje. En die naam hè, fantastisch toch voor een dakterras. Going out with style! Na sluiting gaan we door in Het Transportbedrijf in een kelder op het plein achter onze winkel. Donker en industrieel met bijbehorende techno, kortom old school Rotterdams.'

Las Palmas is sinds 2007 gevestigd in een van de laatste originele pakhuizen tussen de verpletterende hoogbouw van Piano, Foster, Mecanoo en Koolhaas op de Kop van Zuid. Door het rauwe industriële interieur heeft het restaurant de uitstraling van een Franse visafslag, zonder daarbij aan comfort in te boeten uiteraard. Voor de open keuken liggen grote ijsbanken met oesters, kreeften en vissen. Het meubilair is strak en modern, net als de bediening. Aan de tafels is het zien en gezien worden, wat al begint bij de valet parking voor de deur. Het restaurant is vooral in trek bij mediafiguren en zakenmannen. Wat ongetwijfeld te maken zal hebben met de status van de verantwoordelijke chef, Herman den Blijker, ook wel de 'Ramsay van de lage landen' genoemd. Niet dat hij ook grossiert in sterren maar Den Blijker (kale kop, postuur freefighter) presenteerde de Nederlandse versie van Hell's Kitchen.

DE UNIE
MAURITSWEG 34-35
3012 JT ROTTERDAM
(010) 4049786
DEUNIE.NU

Café De Unie was al bij de bouw in 1925 controversieel. Zo mocht het gedurfde ontwerp van architect J.J.P. Oud – lid van kunststroming De Stijl – gebouwd worden onder de voorwaarde dat het na tien jaar weer zou worden afgebroken. Het werd echter niet afgebroken, maar in de Tweede Wereldoorlog wel gebombardeerd. Decennia later, in 1986, werd een nieuw Café De Unie gebouwd, zo'n 500 meter van waar het oorspronkelijk stond. Dit gebouw is ontworpen door architect Carel Weeber met een replica van de gevel uit 1925. De geometrische gevel met opvallende kleurvakken is als het ware een in beton gegoten schilderij van Mondriaan.

DUDOK
MEENT 88
3011 JP ROTTERDAM
(010) 4333102
DUDOK.NL

In Café Dudok eet je in een architectonisch monument. Het café is vernoemd naar de architect ervan, de befaamde Nederlandse architect Willem Marinus Dudok (1884-1974). Het is ontworpen als kantoor voor de verzekeringsmaatschappij De Nederlanden van 1845. In 1991 werd het omgebouwd tot het huidige café/brasserie. Het interieur, dat door voorgaande gebruikers was voorzien van verlaagde plafonds en systeemwanden, is in oude glorie hersteld. Er is zoveel mogelijk gebruikgemaakt van authentieke interieurelementen, om de sfeer van Dudoks gebouw te behouden. Het grote flessenrek achter de bar heeft dezelfde ritmiek als de glazen puien die er vroeger stonden. De oude publiekshal aan de Meent is omgevormd tot een transparante entreehal, waar de bekende patisserie is gevestigd. De entresol, met de open keuken eronder, is ingericht als restaurant. Bijzonder detail is dat de toiletten op de plek van de voormalige directiekamer zijn geplaatst.

MAASSILO
MAASHAVEN ZUIDZIJDE 1-2
3081 AE ROTTERDAM
(010) 4762452
MAASSILO.COM

Het bijzondere aan de Maassilo is dat het ook in Londen, New York of misschien zelfs wel in Sao Paulo zou kunnen staan. Elke stad van betekenis heeft immers een nachtclub in een afgedankte havenloods. In het geval van de Maassilo: dit is niet zomaar een pakhuis, maar een architectonisch pareltje dat bestaat uit een complex van in totaal drie graansilo's die in een tijdsbestek van vijftig jaar aan de Maashaven Zuidzijde zijn gebouwd. In 2003 werd het complex na negentig jaar trouwe dienst afgedankt en omgebouwd tot nachtclub. Oude silotrechters en buizen bleven in het zicht en verwerkt in het interieur en het licht- en geluidsplan. Maar ook de betonnen vloeren, de uit beton opgetrokken bars en de zware stalen nooddeuren zorgen voor een industriële uitstraling. Het muziekaanbod varieert van oorverdovende hardcorehouse tot r&b. Dus check de website om teleurstelling te voorkomen.

BOKAAL
NIEUWEMARKT 11
3011 HP ROTTERDAM
(010) 7200898
BOKAALROTTERDAM.NL

Bokaal is een levendig stadscafé gespecialiseerd in bier. Prominent in de ruimte is de bar met details van onbewerkt hout. Erboven hangen de glazen te drogen in rekken gemaakt van donker staal, dit alles verlicht door robuuste werklampen. Op de vrijdagmiddag een geliefd trefpunt voor locals.

sleep

westermeijer
westermeijer
MARINIERS MUSEUM
MOOII

HOTEL NEW YORK
KONINGINNENHOOFD 1
3072 AD ROTTERDAM
(010) 4390500
HOTELNEWYORK.NL

Hotel New York ligt zonder twijfel op de mooiste locatie van Rotterdam: op het uiterste puntje van de Kop van Zuid, zoals de langgerekte pier met uitzicht op het centrum heet. Het monumentale gebouw wordt omringd door imposante hoogbouw van architecten als Renzo Piano en Norman Foster. En toch vallen deze betonnen en stalen kathedralen eigenlijk in het niet bij de pracht en praal van het voormalige hoofdkantoor van de Holland-Amerika Lijn, gebouwd in 1901. Al oogt het precies zoals alle grand hotels uit de vorige eeuw in Parijs, Shanghai of New York met de symmetrische gevel met balkons, erkers, torens en versieringen. Geen van de 72 kamers heeft dezelfde indeling. Op de begane grond is een groot café/restaurant met vierhonderd zitplaatsen. Beste moment is de zondagmiddag voor high tea. En het hotel mag dan geen valet parking hebben, met een watertaxi vanaf de vaste opstapplek bij het hotel ben je in 5 minuten aan de overkant.

DE EUROMAST
PARKHAVEN 20
3016 GM ROTTERDAM
(010) 4364811
EUROMAST.NL

Misschien wel de spannendste plek om te slapen in Nederland. Met een hoogte van 185 meter is de Euromast namelijk het hoogste gebouw van Nederland. De Euromast is in 1960 gebouwd met een vlaggenmast als voorbeeld. Destijds was de hoogte slechts 107 meter maar negen jaar later werd een opbouw geplaatst waardoor het zijn huidige hoogte kreeg. Tot 2004 fungeerde de toren als een verticaal attractiepark. Daarna werd de toren omgebouwd tot een minihotel met slechts twee suites (op 112 meter) en een lager gelegen restaurant (op 96 meter). Het zijn de suites die de toren zo bijzonder maken. Heaven en Stars, zoals de suites heten, zijn ingericht volgens de geldende interieurstandaard van een designhotel: witte bedden, Vlinderstoeltjes van Jacobsen, een jacuzzi en een flesje *bubbles* naast het bed. Een vleugje jaren 60 is nog steeds zichtbaar in het interieur wat het extra speciaal maakt. Wie wil er niet James Bond zijn, al is het maar voor één nacht?

SUITE HOTEL PINCOFFS
STIELTJESSTRAAT 34
3071 JX ROTTERDAM
(010) 2974500
HOTELPINCOFFS.NL

Suite Hotel Pincoffs heeft slechts zeventien kamers en wordt gerund door een echtpaar. Klein maar fijn dus. Het hotel is gevestigd in een voormalig douanekantoor, een rijksmonument uit 1879 gelegen aan het water. Het sfeervolle hotel zit vol verrassende details, zoals de schommels aan een dakbalk op de gang en door diverse kunstenaars gemaakte meubels en voorwerpen van hergebruikte materialen. Geen kamer is hetzelfde, trouwens. Op de eerste verdieping is het plafond vijf meter hoog, in één badkamer hangt de douchekop op drie meter en in alle suites heb je vanuit het bad zicht op de rivier. Op enkele wanden in het hotel en op alle kamers hangen indrukwekkende foto's van de rauwe romantiek van de Rotterdamse haven. Het zijn beelden gemaakt door Nederlandse topfotografen als Cas Oorthuys, Aart Klein en Frits Rotgans. Ze zijn door het Nederlands Fotomuseum speciaal geselecteerd voor het hotel.

HOTEL STROOM
LLOYDSTRAAT 1-3
3024 EA ROTTERDAM
(010) 2214060
STROOMROTTERDAM.NL

Havens en hotels – in Rotterdam lijken ze onlosmakelijk met elkaar verbonden. Stroom bijvoorbeeld is gevestigd in een voormalige elektriciteitsfabriek aan de Maas, op een steenworp van de passerende zeeschepen. Stroom is een van die hotels waar het zo goed toeven is dat je bijna zou vergeten de stad in te gaan. Eten kan in het funky restaurant, drinken aan de al even spetterende bar en met mooi weer is het uitstekend loungen op het dakterras. Het concept is onlangs verrijkt met een eigen bakkerij en versmarkt. Op de 21 kamers – studio's, splitlevelstudio's en lofts – is alle energie gestopt in de riante open badkamer en niet in de Eames-stoeltjes of vazen met bloemstukken.

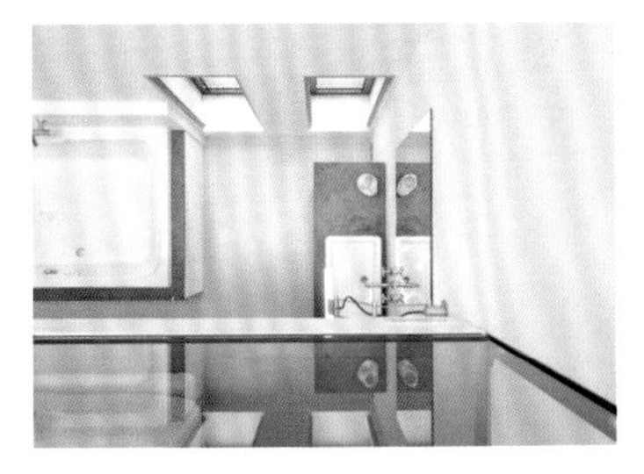

CITIZENM
GELDERSE PLEIN 50
3011 WZ ROTTERDAM
(010) 8108100
CITIZENM.COM

Ook in Rotterdam kun je sinds kort logeren bij citizenM, een betaalbaar designhotel met vestigingen in Amsterdam, Glasgow, Londen, New York en Parijs. Het interieurconcept komt uit de koker van het Amsterdamse ontwerpbureau Concrete.

NHOW
WILHELMINAKADE 137
3072 AP ROTTERDAM
(010) 2067600
NHOW-ROTTERDAM.NL

In Rem Koolhaas' 'De Rotterdam' tref je hotel nhow Rotterdam. Na Milaan en Berlijn is dit het derde nhow-hotel in de wereld, maar het eerste en enige dat zowel van binnen als buiten is ontworpen door Koolhaas en zijn architectenteam OMA. Voor de inrichting van de 278 kamers en congresruimtes lieten zij zich inspireren door de stad zelf. Een deel van de muren en plafonds is niet afgewerkt en naast zwart en wit wordt gespeeld met metaal en goudkleurige accenten. Behalve dat het een hotel is, wil nhow Rotterdam kunstenaars en designers een platform bieden om hun visie op de stad te delen. Regelmatig wordt in de lobby daarom nieuw werk geëxposeerd.

KING KONG HOSTEL
WITTE DE WITHSTRAAT 74
3012 BS ROTTERDAM
(010) 8188778
KINGKONGHOSTEL.COM

In het pand van King Kong Hostel, in de bruisende Witte de Withstraat, zaten ooit illegale casino's, een tattooshop en een beroemd bordeel. Divers is het er nog steeds, maar ook hip en uitnodigend. Voor het interieur van de slaapzalen, tweepersoonskamers en de lobby werden diverse lokale kunstenaars en ontwerpers aangetrokken die hun creativiteit de vrije loop mochten laten. De bovenste verdiepingen zijn aaneengeschakeld tot een geweldige slaapzolder met onverwachte hoekjes en speelse details. De deur staat altijd open en in de lobby kun je verse koffie en thee bestellen.

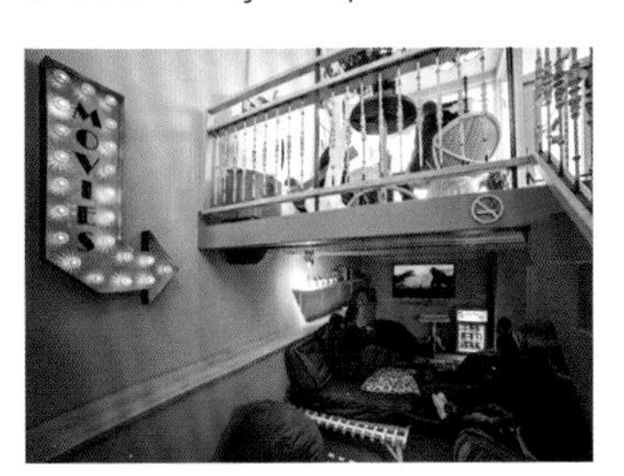

MAINPORT HOTEL ROTTERDAM
LEUVEHAVEN 77
3011 EA ROTTERDAM
(010) 2175757
MAINPORTHOTEL.COM

Het Mainport Hotel in Rotterdam noemt zichzelf een 'gateway to the world in a 5 star design setting'. Dus dan mag je wel wat verwachten. MAS Architectuur transformeerde een voormalige Imax-bioscoop aan de Maas tot een luxehotel dat zich, buiten de transparante gevel van de plint, vrij gesloten toont. De leus is vooral van toepassing op het interieur dat is geïnspireerd op de continenten. Elke etage heeft een eigen look en feel.

architectuurwandeling rotterdam

Rotterdam is dé architectuurstad van Nederland. Al van veraf zie je de imposante skyline, met de Euromast en de Erasmusbrug als typerende landmarks. Het is de enige stad in Nederland met een skyline en wordt daarom niet voor niets 'Manhattan aan de Maas' genoemd. Wandel langs een halve eeuw architectuurgeschiedenis.

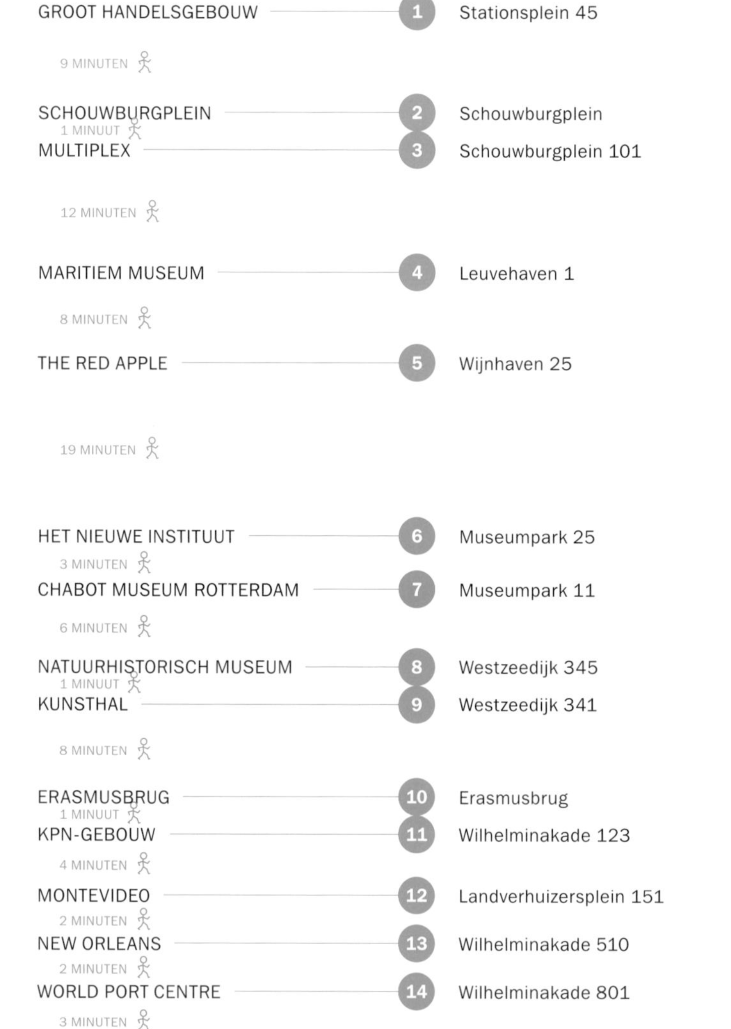

1. GROOT HANDELSGEBOUW
H.A. MAASKANT
1954
STATIONSPLEIN 45
3013 AK ROTTERDAM

Dit gigantische kantoorgebouw verrees begin jaren 50 als een van de eerste gebouwen na de bombardementen op Rotterdam in de Tweede Wereldoorlog en is dus een symbool van de (architectonische) wederopstanding van Rotterdam. Het was destijds een vernieuwend project vanwege een autoroute door het pand, om zo producten te kunnen vervoeren. Tegelijkertijd grijpt het terug op de vooroorlogse architectuur door het gebruik van baksteen voor de gevel.

2. SCHOUWBURGPLEIN
WEST 8
1997
3012 CK ROTTERDAM

Omringd door hoogbouw en een grote winkelstraat benadrukt dit plein het belang van een open ruimte in een stad. Het biedt niet alleen een verrassend uitzicht op de architectuur en de hemel, maar is letterlijk een podium voor mensen. Het verhoogde plein is bovendien ingericht als een interactieve openbare ruimte – de lantaarns kunnen worden gewijzigd door het publiek en op het plein worden veel tijdelijke performances opgevoerd. De hijskraanachtige straatlantaarns zijn een speelse verwijzing naar de Rotterdamse havens.

3. MULTIPLEX
KOEN VAN VELSEN
1996
SCHOUWBURGPLEIN 101
3012 CK ROTTERDAM

De blikvanger op het Schouwburgplein is deze bioscoop, die op een parkeergarage staat. Het gebouw is daarom opgetrokken uit lichtgewicht golfplaten. In de avond lichten deze panelen op, waardoor het gebouw fungeert als een grote straatlantaarn.

4. MARITIEM MUSEUM
W.G. QUIST
1986
LEUVEHAVEN 1
3011 EA ROTTERDAM

Dit driehoekige museum is een ontwerp van de Nederlandse architect Wim Quist, die het in 2004 uitbreidde met een robuuste vleugel die op een winterse dag oogt als een ijsbreker. Dit gebouw is een goed voorbeeld van de betonnen machoarchitectuur waarmee Rotterdam overstroomde in de jaren 80. Dit no-nonsense scheepvaartmuseum reflecteert de 'geen woorden maar daden'-mentaliteit van deze havenstad.

5. THE RED APPLE
KCAP
2008
WIJNHAVEN 25
3011 WH ROTTERDAM

The Red Apple bestaat uit een hoogbouw van 125 meter met een verticale rode belijning. De laagbouw van 35 meter heeft een horizontale belijning. Doordat de lijnen voortdurend in breedte en onderlinge afstand verschillen, krijgt het verder hoekige gebouw toch een speelse uitstraling. Van dichtbij is goed te zien dat de bloedrode belijning is vervaardigd van geanodiseerd aluminium en daardoor goed samen gaat met het overheersende zwarte staal.

6. HET NIEUWE INSTITUUT
KOEN VAN VELSEN
1993
MUSEUMPARK 25
3015 CB ROTTERDAM

Het gebouw van Het Nieuwe Instituut (het voormalige Nederlands Architectuurinstituut) oogt op het eerste gezicht niet als een bouwkundig meesterwerk, het is nogal lomp en robuust. Maar architect Koen van Velsen heeft ondanks het krappe budget en de complexe eisen – zo moet het gebouw een museum, een archief, een winkel, een café, diverse expositieruimtes en kantoren huisvesten – een grote prestatie geleverd. Het hoofdgebouw is opgebouwd uit glas en staal. De lagere delen van het gebouw zijn gemaakt van beton. Bijzonder is ook de loopgalerij aan de zijkant met lichtbakken en kleurinstallatie door de beroemde Nederlandse kunstenaar Peter Struycken.

7. CHABOT MUSEUM ROTTERDAM
G.W. BAAS EN L. STOKLA
1938
MUSEUMPARK 11
3015 CB ROTTERDAM

Het Chabot Museum is een sprekend voorbeeld van het Nieuwe Bouwen, de Nederlandse variant op het strenge modernisme. Licht, lucht en groen moesten bijdragen aan een 'gezonde' architectuur. Dankzij het toen nog revolutionaire bouwmateriaal beton – hier voorzien van fris wit stucwerk – was het mogelijk om grote raampartijen te integreren. Met de toevoeging van een verdieping aan de villa in 1972 is het dakterras verdwenen. Het voormalige woonhuis van de familie Kraaijeveld fungeert tegenwoordig als museum voor de expressionistische schilder Hendrik Chabot (1894-1949) en biedt een afwisselend internationaal tentoonstellingsprogramma.

8. NATUURHISTORISCH MUSEUM
ERICK VAN EGERAAT
1995
WESTZEEDIJK 345
3015 AA ROTTERDAM

Het glazen paviljoen van Erick van Egeraat is een toevoeging aan het eigenlijke Natuurhistorisch Museum dat is gehuisvest in de monumentale villa Dijkzigt. Wat op het eerste gezicht een glazen doos lijkt, bestaat bij nader inzien uit verschillende lagen. De glazen gevel is als een schil om een staalskelet heen gelegd, met daarbinnen een betonnen doos. Aan de west- en zuidzijde is in plaats van een glazen gevel, een bakstenen schil om het gebouw gelegd. Niet alleen om de zon te weren, maar ook omdat er aan deze kant een verbinding met de villa Dijkzigt moest komen.

9. KUNSTHAL
REM KOOLHAAS/OMA
1992
WESTZEEDIJK 341
3015 AA ROTTERDAM

De Kunsthal is een expositieruimte zonder eigen collectie, maar met elkaar in snel tempo opvolgende tentoonstellingen op het gebied van kunst, fotografie, design en mode. Koolhaas heeft het gebouw daarom vernuftig ingedeeld, waardoor het mogelijk is om vijf exposities tegelijk te houden. Het gebouw ziet eruit als een grote, platte, vierkante doos, met een smalle hoge toren als verticaal accent. Alle gevels zijn verschillend. Kostbare, klassieke bouwmaterialen als marmer en parket zijn gecombineerd met goedkope materialen als golfplaat, kaal beton, stalen roosters en ruwe boomstammen. Op de verticale toren staat het zwart-witte logo van de Kunsthal, dat is gebaseerd op het stempel dat bij transportkisten de bovenkant aangeeft, eveneens een ontwerp van Koolhaas.

10. ERASMUSBRUG
BEN VAN BERKEL/UNSTUDIO
1996

Met zijn zwierige vorm en technisch hoogstaande constructie is de Erasmusbrug uitgegroeid tot het icoon van de Rotterdamse skyline. De overspanning wordt gedragen door staalkabels die aan een geknikte pyloon zijn bevestigd, waardoor de brug een onnatuurlijke aanblik heeft. Vanwege deze knik wordt de brug in de volksmond ‘de Zwaan’ genoemd. Met een overspanning van 802 meter is het een van de meest indrukwekkende bruggen in Nederland, dat toch al uitblinkt in weg- en waterbouw.

11. KPN-GEBOUW
RENZO PIANO
2000
WILHELMINAKADE 123
3072 AP ROTTERDAM

Dit postmoderne gebouw werkt als een splijtzwam onder architectuurliefhebbers. Er is kritiek op de kitscherige lichten in de gevel, die geen ander doel lijkt te hebben dan te imponeren. Tegelijkertijd wordt het gebouw geroemd om zijn bijdrage aan de *bright lights, big city*-sfeer van Rotterdam. Daarbij is de architectuur speels en spannend door de schuine gevel die lijkt gestut te worden door de enorme pilaar in het midden.

12. MONTEVIDEO
FRANCINE HOUBEN/MECANOO
2005
LANDVERHUIZERSPLEIN 151
3072 MH ROTTERDAM

Deze woontoren refereert aan het naastgelegen Hotel New York, de voormalige monumentale vertrekhal van de Holland-Amerikalijn. De toren is opgebouwd uit staal (een verwijzing naar Amerika) en beton (Holland). Door een vernuftige mix van deze materialen en de ranke vorm oogt deze 150 meter hoge toren – korte tijd het hoogste gebouw van Nederland – toch als een 'gewoon' gebouw.

13. NEW ORLEANS
ALVARO SIZA
2010
WILHELMINAKADE 510
3072 AP ROTTERDAM

New Orleans is met ruim 158 meter het op een na hoogste gebouw en het hoogste woongebouw van Nederland. De toren van de Portugese architect Alvaro Siza is opgetrokken uit zandkleurig natuursteen, met een transparante voet waarin zich het theater LantarenVenster bevindt, en met een 'kroon' van luxe penthouses. In de oorspronkelijke plannen had 'New Orleans' nog twee torens. Om financiële redenen is een van de torens geschrapt.

14. WORLD PORT CENTRE
NORMAN FOSTER & PARTNERS
2000
WILHELMINAKADE 801
3072 AP ROTTERDAM

De Britse Sir Norman Foster ontwierp het masterplan voor de 'Kop van Zuid'. Hij mocht ook het gebouw op de kop van dit schiereiland op de zuidelijke Maasoever bouwen, het eerste gebouw dat binnenvarende schepen zien. Deze 124 meter hoge toren van glas en staal is onversneden 'Foster-architectuur'. Het oogt overweldigend en technocratisch maar is tegelijk subtiel en rank.

15. DE ROTTERDAM
OMA
2013
WILHELMINAKADE 177
3072 AR ROTTERDAM

Deze imposante blokkendoos is niet alleen door zijn immense volume de nieuwe blikvanger van de Rotterdamse Maasoever. Door de fijnmazige rastergevel is de aanblik duizelingwekkend gedetailleerd. Met dit indrukwekkende meesterwerk van Rem Koolhaas heeft Rotterdam zich definitief gekroond tot 'Manhattan aan de Maas'. Met de bijnamen zit het ook goed: dankzij de 'Kolos van Koolhaas' heet de Kop van Zuid tegenwoordig 'het Rem-eiland'.

out of town

530E

must...

out of country

De kok is Sergio Herman, de Nederlandse grossier in Michelinsterren. Het interieurontwerp is van 'onze eigen' Piet Boon. De details – zoals een indrukwekkend glas-in-loodraam en het bestek – zijn verzorgd door Studio Job, eveneens een Nederlands ontwerpduo. Ook het servies heeft een Nederlands tintje dankzij ontwerper Niels Datema. Dat restaurant The Jane in Antwerpen ligt is dus slechts een detail. Daarbij, vanaf Rotterdam is het maar 45 minuten met de trein. Wat daartegenover staat is een unieke totaalervaring van culinaire wereldklasse, spannend Dutch design en een avontuurlijke architectuur – The Jane is gehuisvest in een zorgvuldig gerenoveerde kazerne. Een diner in The Jane is de 'buitenlandse' reis dus dubbel en dwars waard.

www.thejaneantwerp.com

see

PIET HEIN EEK
HALVEMAANSTRAAT 30
5651 BP EINDHOVEN
(040) 4009005
PIETHEINEEK.NL

Twintig jaar geleden brak Piet Hein Eek door met het recyclen van sloophout tot kasten. Hij verwerkte daarna nog andere materialen tot producten, maar sloophout en kasten zouden uiteindelijk zijn handelsmerk worden. Tegenwoordig recyclet hij complete fabrieksruïnes tot showrooms en restaurants. In 2010 opende hij op een voormalig Philipsterrein een compleet designdorp. De aftandse gebouwen, met een totaaloppervlak van zeker drie voetbalvelden, werden compleet gestript en opnieuw opgebouwd. Het complex bestaat uit een productiehal, restaurant, kantoren en ateliers voor verwante ontwerpers. Maar de praalkamer van dit complex is de showroom. Naast zijn eigen producten worden er ontwerpen aangeboden van de complete wereldtop, waaronder Maarten Baas, Tom Dixon en Studio Job. Maar ook jonge talenten krijgen alle ruimte om hun werk te tonen.

STRIJP-S

SKATEPARK
KLOKGEBOUW 51
5617 AB EINDHOVEN
WWW.AREA51SKATEPARK.NL

RADIO ROYAAL
KETELHUISPLEIN 10
5617 AE EINDHOVEN
RADIOROYAAL.BE

YKSI EXPO WINKEL
TORENALLEE 22-04
5617 BD EINDHOVEN
YKSI.NL

Ooit was Strijp-S het kloppend hart van een wereldomvattend elektronicaimperium. De Philipsfabriek op dit terrein stond ook wel bekend als 'De verboden stad', omdat het fabrieksterrein ter grootte van een dorp middenin een woonwijk lag, maar niet vrij toegankelijk was. In 2004 vertrok Philips en werd het terrein ontwikkeld tot een woonwijk met creatieve bedrijven, een designcentrum en uitgaansgelegenheden. Zo is het Strijp-S de locatie voor de jaarlijkse Dutch Design Week. Bijzondere plekken op het terrein zijn het skatepark van het avontuurlijke architectenbureau Maurer United Architects. In de oude Machinefabriek waar Philips zijn stroom opwekte huist nu Radio Royaal, een restaurant met een uitstekende kaart en een stoer industrieel uiterlijk. Op de begane grond van de voormalige Apparatenfabriek van Philips huist nu Yksi, met een expositieruimte en een lifestylewinkel.

MU
TORENALLEE 40-06
5617 BD EINDHOVEN
(040) 2961663
MU.NL

Mu biedt een inkijkje in 'de visuele cultuur van nu en later, waarbij mode, architectuur, kunst en design de confrontatie aangaan'. Je raadt het al, kunstcentrum MU mikt op de intellectuele cultuurliefhebber die het experiment niet uit de weg gaat, met bijvoorbeeld een expositie over nanotechnologie of design van straatvuil. In de afgelopen tien jaar was werk te zien van uiteenlopende kunstenaars als technoproducer Scanner en muzikant/beeldend kunstenaar Kim Gordon (Sonic Youth).

insider tips

INDUSTRIËLE VEILING EINDHOVEN
ZWAANSTRAAT 1, GEBOUW TAA
5651 CA EINDHOVEN
IVEINDHOVEN.NL

Joost van Bleiswijk en Kiki van Eijk hebben weliswaar beiden een eigen ontwerpstudio in een voormalige Philipsfabriek in Eindhoven maar voor de rest zijn ze onafscheidelijk. Van Bleiswijk maakt stoere lampen van gelast staal of een kast die als een reusachtige puzzel is opgebouwd uit duizenden kleine metalen plaatjes. Van Eijk maakt dromerige objecten die de fantasie prikkelen. Aardewerk vazen lijken van een afstand vervaardigd van zacht textiel en een klokje lijkt te bestaan uit één kunstig geknoopte koperdraad.

'De Industriële Veiling Eindhoven is anders dan de naam doet vermoeden geen 'gewone' veiling. Op het voormalige industrieterrein Strijp-T vind je hier tal van machines als glasbewerkingsmachines, persen en draaibanken maar ook complete partijen industriële producten, zoals prachtige metalen ladekasten, bouwlampen en af en toe zelfs een voorraad laboratoriumglas. Het zit in een fantastische fabriekshal, op de plek waar vroeger de officiële Philips papierfabriek zat. Wij hebben er een prachtige oude Jieldé-lamp op de kop getikt!'

DE KAZERNE
PARADIJSLAAN 8
5611 KN EINDHOVEN
(040) 3041388
DEKAZERNE.COM

Het is geen galerie. Maar je kunt er wel eigentijdse kunst en design bekijken. Je kunt er ook heerlijk eten of gewoon even een borrel drinken. In de toekomst kun je er zelfs slapen. Het valt niet mee om een label te plakken op De Kazerne – maar zeker is wel dat dit de nieuwe hotspot van Eindhoven is. Deze voormalige marechausseekazerne in de binnenstad is door twee lokale ontwerpers bijna eigenhandig omgetoverd in een spetterend complex waarin de rauwe sporen van het verleden fraai zichtbaar zijn gebleven. Naast expositieruimte, sociëteit voor de lokale designheads, restaurant en straks dus ook hotel, wil De Kazerne ook een laboratorium voor maatschappelijke vraagstukken zijn. Zo kreeg het ontwerpduo BXCSY opdracht producten te ontwerpen voor een lokale sociale werkplaats. Producten die uiteraard zullen worden verkocht in de eigen designshop.

ZUIDERZEEMUSEUM
WIERDIJK 12-22
1601 LA ENKHUIZEN
(0228) 351111
ZUIDERZEEMUSEUM.NL

Tot zo'n vijf jaar geleden was dit een nogal stoffig museum dat de geschiedenis van een niet meer bestaande binnenzee van Nederland documenteerde. Maar toen werden de deuren opengezet voor hedendaags design en mode, met de eigen collectie als vertrekpunt. Zo maakten Richard Hutten, Scholten & Baijings, Kiki van Eijck en Joost van Bleiswijk moderne interpretaties van authentieke zeventiende-eeuwse meubels. Ook is het museum nauw betrokken bij de totstandkoming van de collectie van Thomas Eyck waarvoor hij samenwerkt met Aldo Bakker en Christien Meindertsma. Met een nieuw project van de in Londen gestationeerde Studio Glithero verlegt het Zuiderzeemuseum de aandacht naar het buitenland. Mooi om te zien hoe eigentijds design kan bijdragen aan de actualisering van een historische museumcollectie.

GRONINGER MUSEUM
MUSEUMEILAND 1
9711 ME GRONINGEN
(050) 3666555
GRONINGERMUSEUM.NL

Het postmoderne bouwwerk is het resultaat van een samenwerking tussen Alessandro Mendini en de Oostenrijkse firma Coop/Himmelblau, en werd gebouwd in de jaren 80. Het gebouw had toentertijd een capaciteit voor tachtigduizend bezoekers, maar trok al snel meer dan het dubbele aantal. In 2010 heropende het museum na een grootscheepse verbouwing en renovatie van het exterieur. Het restaurant, de lounge en het infocentrum werden nieuw leven ingeblazen door Maarten Baas en Studio Job, in samenwerking met de Spaanse ontwerper Jaime Hayon. De ruimtes ingericht door Philippe Starck, Michele de Lucchi en andere designers werden opgepoetst, maar bleven intact. Door de kunstzinnige interventies van al deze grote namen, is het museum zelf uitgegroeid tot een *museum piece*.

KERAMIEKMUSEUM PRINCESSEHOF
GROTE KERKSTRAAT 11
8911 DZ LEEUWARDEN
(058) 2948958
PRINCESSEHOF.NL

In een statig herenhuis in het centrum van Leeuwarden is het Keramiekmuseum Princessehof gevestigd. Het museum beschikt over een vermaarde collectie aardewerk, variërend van Portugese *azulejo's* en Arabische mozaïeken tot topstukken van Wedgwood en natuurlijk de lokale Koninklijke Tichelaar Makkum. De collectie Aziatische – in het bijzonder het prechristelijke keramiek en porselein uit China – is zelfs van absolute wereldklasse. Ook worden er bijzondere themaexposities met speciale activiteiten georganiseerd. Zo werden er bij de expositie *Op De Thee* – over theeserviezen – Japanse theeceremonies georganiseerd en konden bezoekers thee uit alle windstreken proeven.

insider tips

TAPE
HOMMELSTRAAT 66
6828 ALARNHEM
ILOVETAPE.NL
ONTWERP PLATFORM ARNHEM
O-P-A.NL/DNA

SHOWROOM
KLEINE OORD 177
6811 HZ ARNHEM
CASA-ARNHEM.NL

Ineke Hans werkte na haar afstuderen aan de academie ArtEZ in Arnhem voor warenhuis Habitat in Londen. Inmiddels heeft ze alweer vijftien jaar een eigen ontwerpstudio in Arnhem. Haar meubels kenmerken zich door een heldere en humoristische stijl, waarin ze ambacht en hightechprocedés combineert. Voor meubelmerk Arco maakte ze een schommelstoel waarin een zwierige decoratie is gelaserd; voor het Italiaanse luxelabel Cappellini bedacht ze een kleurige stoel van synthetische gips.

'Om de hoek van mijn huis zit TAPE, een espressobar, expositieruimte en café. Ze organiseren poëzieavonden en hebben een eigen platenlabel. Het is eigenlijk meer een platform voor kunstenaars en ontwerpers uit Arnhem. Maar het is er vooral heel gezellig met heerlijk biologisch eten. Je hoeft niet naar Arnhem om het goede van hier te ervaren. Op de website Ontwerp Platform Arnhem vind je alles op het gebied van mode, grafisch en productontwerpen. Daarnaast organiseert dit platform bijzondere avonden over deze onderwerpen in de Showroom.'

COMING SOON
KERKSTRAAT 23
6811 DM ARNHEM
(026) 3703044
ARNHEMCOMINGSOON.NL

Arnhem heeft design ontdekt. In de winkel Coming Soon worden ontwerpers op een niet-Nederlandse manier in een context geplaatst waarvan de sfeer iedere maand verandert. Ook jong talent komt aan bod en laat in maandelijkse exposities zijn oeuvre zien. Eigenaresse Cilly Vlemmix wil met deze winkel Nederlandse mode en design toegankelijk maken voor iedereen. Coming Soon verkoopt uitsluitend Nederlandse mode en design van gevestigde namen als Spijkers & Spijkers, Scholten & Baijings en Pastoe tot ontwerpers die net zijn begonnen zoals Sanne Jansen en Ineke van der Werff. Vlemmix werkt regelmatig samen met de hogeschool voor de kunsten ArtEZ om jonge ontwerpers te promoten. In de etalage zijn geregeld eindexamencollecties te zien.

MUSEUM ARNHEM
UTRECHTSEWEG 87
6812 AA ARNHEM
(026) 3031400
MUSEUMARNHEM.NL

Museum Arnhem – voorheen Museum voor Moderne Kunst Arnhem – presenteert moderne en hedendaagse kunst, mode en design. Met een vooraanstaande mode- en designopleiding in de stad biedt het museum ook een podium aan jonge en aan Gelderland gerelateerde ontwerpers en kunstenaars. Zo waren er solotentoonstellingen te zien van productontwerper Ineke Hans en glaskunstenaar Arnout Visser. Museum Arnhem is gevestigd in een monumentale herensociëteit gelegen op een oude stuwwal. Het museum is een van de belangrijkste instellingen in Nederland die zich bezighoudt met het verzamelen en tentoonstellen van werk van sieradenontwerpers. Minstens eens per jaar is er een tentoonstelling gewijd aan het sieraad – variërend van taxidermische objecten (een tas gemaakt van een pad bijvoorbeeld) tot de sieraden van Ted Noten.

KRÖLLER-MÜLLER MUSEUM
HOUTKAMPWEG 6
6731 AW OTTERLO
(0318) 591241
KROLLERMULLER.NL

Het Kröller-Müller Museum bezit een wereldberoemde collectie voornamelijk negentiende- en twintigste-eeuwse beeldende kunst. Bijzonder is dat het museum werd opgericht door Helene Kröller-Müller, de echtgenote van een rijke industrieel. Rond 1920 begint zij met het verzamelen van werk van Pablo Picasso, Juan Gris en Piet Mondriaan. Maar centraal in de omvangrijke collectie staan de werken van Vincent van Gogh. Ook bijzonder is de beeldentuin, die een van de grootste van Europa is. Deze tuin bevindt zich ook nog eens in het grootste en meest ongerepte natuurpark van Nederland, de Hoge Veluwe. In 2002 werd de beeldentuin heringericht door de landschapsarchitecten van WEST 8. Ook de museumgebouwen zelf, waaronder een uniek paviljoen ontworpen door Gerrit Rietveld, zijn de moeite waard. De museumvleugel uit 1977 werd door Wim Quist ontworpen.

KADE
EEMPLEIN 77
3812 EA AMERSFOORT
(033) 4225030
KUNSTHALKADE.NL

Kunsthal KAdE is alleen al vanwege de (gratis toegankelijke) KAdEShop een bezoek waard. Met het eigenzinnige aanbod verfijnde designobjecten en diepgravende kunst- en architectuurboeken maar ook grappige gadgets en kekke sieraden is de winkel een goede afspiegeling van de tentoonstellingen in deze kunsthal – KAdE heeft geen eigen collectie. De exposities tasten de grenzen af van hedendaagse kunst, architectuur, design en film, fotografie en andere eigentijdse beeldcultuur. Zo had KAdE de eer om de eerste solo-expositie van de gerenommeerde ontwerpstudio Studio Makkink & Bey te mogen organiseren. Het Belgische popicoon Tom Barman was er eens gastcurator.

insider tips

FORT ASPEREN
LANGENDIJK 60
4151 BR ACQUOY
KUNSTFORTASPEREN.NL

GEOFORT
GEOFORT.NL

Christien Meindertsma vestigde haar naam met de lancering van haar eigen label *Flocks*, dat bestaat uit truien die zijn gebreid van de wol van precies één schaap; bij elke trui zit een paspoort van het desbetreffende schaap. Vervolgens produceerde ze het boek *Pig 05049*, waarin ze minutieus vastlegt voor welke producten delen van het varken worden gebruikt. Voor het Nederlandse designlabel Thomas Eyck ontwierp ze meubelcollecties van vlas en van hout. Meindertsma woont in een herenhuis in de Betuwe.

'In de weilanden rond mijn woonhuis ligt Fort Asperen, dat in de zomermaanden fungeert als tentoonstellingsruimte met prachtige exposities over kunst en design. Deze negentiende-eeuwse vesting is onderdeel van de Nieuwe Hollandse Waterlinie, nog steeds het grootste bouwwerk van Nederland. Het bestaat uit een tachtig kilometer lange gordel van forten, van Amsterdam tot de Biesbosch. Ook leuk is GeoFort in het waterliniefort een paar kilometer verderop. Daar is voor kinderen een zoektocht met gps-peilers uitgezet door het bakstenen fort, over de aarden wal en langs de brede fortgracht.'

TEXTIELMUSEUM
GOIRKESTRAAT 96
5046 GN TILBURG
(013) 5367475
TEXTIELMUSEUM.NL

Het TextielMuseum is gehuisvest in een voormalige textielfabriek, die in 2005 werd uitgebreid met een spectaculaire nieuwbouw van cepezed architecten. In de vaste opstelling toont het museum de geschiedenis van de textielproductie in Tilburg. In diverse wisselende exposities worden ook moderne ontwikkelingen op het gebied van textiel verkent. Een bijzonder onderdeel van het museum is het TextielLab. In deze zaal staan computergestuurde weefgetouwen waarmee de meest complexe driedimensionale breisels kunnen worden uitgevoerd. Bekende ontwerpers als Hella Jongerius en Bertjan Pot hebben hier geëxperimenteerd. Ten slotte beschikt het museum ook over de grootste databank met meer dan honderdduizend textielmonsters en garens, variërend van draden van staal en mensenhaar tot stoffen die krimpen bij verhitting.

MOTI
BOSCHSTRAAT 22
4811 GH BREDA
(076) 5299900
MOTIMUSEUM.NL

Geopend in 2008 is dit een van de nieuwere musea van Nederland. MOTI is geheel gewijd aan grafische vormgeving – analoog en digitaal. We leven vandaag de dag in een wereld waarin we worden overspoeld met allerlei beelden. MOTI stelt zich daarom continu de vraag: wat doe jij met beeld en wat doet beeld met jou?
Via tentoonstellingen, symposia, publicaties en de vaste collectie richt MOTI zich op relevante ontwikkelingen binnen de beeldcultuur op regionaal, nationaal en internationaal niveau. Het museum heeft een permanente tentoonstelling over de geschiedenis van beeldcultuur en een schitterende interactieve tentoonstelling voor kinderen genaamd *Waanzien*. Daarnaast programmeert het diverse tijdelijke exposities, met thema's variërend van de relatie tussen mode en grafische vormgeving tot hypes in onze hedendaagse mediamaatschappij.

insider tips

SPEELGOEDMUSEUM
ZANDHEUVEL 51
4901 HT OOSTERHOUT
SPEELGOEDMUSEUM.NL

Floris Hovers ontwerpt meubels en accessoires met een eerlijke constructie en no-nonsensevormentaal. Uitgangspunt van zijn 'industriële handwerk' zijn ouderwetse technieken of materialen, die hij vervolgens op een verrassende en innovatieve manier toepast. Zo tovert hij met een simpele ingreep een lege shampoofles met behulp van een elastiekje, een plankje en een lapje zeil om in een badbootje. Tegelijkertijd laat hij zich meevoeren door de ontwapenende functionaliteit van geknutselde dingen. Zijn eenvoudige speelgoedauto's zijn geliefd bij kinderen én volwassenen.

'In Oosterhout zit het charmante Speelgoedmuseum (Zandheuvel 51, www.speelgoedmuseum.nl). De collectie bestaat letterlijk uit de wereld in het klein. Je vindt er keukentjes met kleine pannetjes, een unieke collectie Dinky Toys en Matchbox autootjes, poppen en natuurlijk het nostalgische bouwsysteem Meccano. Vooral het ouderwetse mechanisch speelgoed blinkt uit in eenvoud en is zeer ingenieus. Ik raak er altijd enorm geïnspireerd.'

NATIONAAL GLASMUSEUM
LINGEDIJK 28
4142 LD LEERDAM
(0345) 612714
NATIONAALGLASMUSEUM.NL

Na een jarenlange maar zeer geslaagde verbouwing door de architecten van bureau SLA is het Glasmuseum in Leerdam een van de leukste musea van Nederland. Bijzonder is dat de volledige collectie van meer dan zeventienduizend stukken geheel is ontsloten. In de glazen loopbruggen die de twee museumvilla's verbindt staan ze opgesteld in lange vitrines. Ook bijzonder zijn de glazen kassen in de tuin met hedendaags glasdesign. In het centrum van het stadje Leerdam bevindt zich ook nog de Glasblazerij, een ambachtelijk glasfabriekje waar op wisselende tijden demonstraties in glasblazen worden gehouden.

STEDELIJK MUSEUM S-HERTOGENBOSCH
DE MORTEL 4
5211 HV 'S-HERTOGENBOSCH
(073) 6273680
SM-S.NL

Sinds 2013 deelt het Stedelijk Museum 's Hertogenbosch (SMS) een gebouw met het Noordbrabants Museum. Al hebben beide musea een eigen ingang. Die van het SMS is ontworpen door het Braziliaanse designduo Fernando & Humberto Campana. Ook de collectie en het tentoonstellingsprogramma bulken van het design – het SMS is in zekere zin het kleine broertje (of verre neefje moeten we eigenlijk zeggen) van het Stedelijk in Amsterdam. Het beschikt over een uitmuntende collectie sieraden en design, waaronder veel Memphis. Daarnaast organiseert het museum jaarlijks een grote solotentoonstelling over een bekende ontwerper.

NOORDBRABANTS MUSEUM
VERWERSSTRAAT 41
5211 HT 'S-HERTOGENBOSCH
(073) 6877877
HNBM.NL

Het Noordbrabants Museum is een van de grootste musea buiten de Randstad. Naast schilder- en beeldhouwkunst en regionale cultuurhistorie worden er ook regelmatig solotentoonstellingen over ontwerpers georganiseerd. Ook zijn er met grote regelmaat thematische designtentoonstellingen, bijvoorbeeld over Brabantse ontwerpers die reageren op het werk van Van Gogh. De tuingalerij is de ideale locatie voor een high tea in de zomer. Het gebouw is een monumentaal achttiende-eeuws stadspaleis met twee modernistische zijvleugels uit de jaren 80 van architect Wim Quist. Het gebouw werd in 2013 grondig gerestaureerd.

ZEEUWS MUSEUM
ABDIJ 3-4
4331 BK MIDDELBURG
(0118) 653000
ZEEUWSMUSEUM.NL

Na een grootschalige verbouwing heeft het Zeeuws Museum in de voormalige Abdij van Middelburg ook de presentaties op de schop genomen. Gebleven is de focus op de provincie Zeeland, met onder meer de beroemde Zeeuwse wandtapijten, een historische collectie van het Koninklijk Zeeuwsch Genootschap der Wetenschappen en hedendaagse kunst en design. De collectie is ontsloten en toegankelijk gemaakt door fotografie, videopresentaties of mode. Ook worden er opdrachten gegeven, zoals aan ontwerper Christien Meindertsma die een collectie eigentijdse producten van vlas mocht maken. Sieradenontwerper Ted Noten maakte een eigentijdse interpretatie van Zeeuwse sieraden.

BUREAU EUROPA
BOSCHSTRAAT 9
6211 AS MAASTRICHT
(043) 3503020
BUREAU-EUROPA.NL

Ooit opgericht als een dependance van het voormalige Nederlands Architectuurinstituut (nu Het Nieuwe Instituut) in Rotterdam is Bureau Europa sinds 2009 een zelfstandig instituut dat tentoonstellingen, lezingen, excursies en andere activiteiten op het gebied van architectuur en vormgeving organiseert. Zoals de naam al verraadt wordt daarbij vaak gekeken vanuit een Europees perspectief – Brussel en Keulen zijn vanuit Maastricht tenslotte dichterbij dan vanuit Amsterdam. Verwacht geen behaagzieke exposities met blingbling design maar agenderende presentaties over stadslandbouw, de verkenning van hernieuwd idealisme in architectuur onder de noemer *Re/Activate* en andere prangende kwesties. Hoewel Bureau Europa in 2012 met de expositie *Playboy Architecture* een heuse blockbuster in deze voormalige timmerfabriek had.

Mercedes-Benz Fashion Week
Tweede week januari en
tweede week juli
Diverse locaties in Amsterdam
www.fashionweek.nl

Art Rotterdam
Eerste weekeinde in februari
Van Nellefabriek, Rotterdam
www.artrotterdam.com

Object
Eerste weekeinde in februari
Diverse locaties in Rotterdam
www.objectrotterdam.com

Tefaf
Tweede week maart
MECC, Maastricht
www.tefaf.com

Graphic Design Festival
Door het jaar heen
Diverse locaties in Breda
www.graphicdesignfestival.nl

What Design Can Do
Derde week in mei
Stadsschouwburg, Amsterdam
www.whatdesigncando.nl

Internationale Architectuur
Biënnale Rotterdam
April
Diverse locaties in Rotterdam
www.iabr.nl

Designday
Medio mei
Decorfabriek, Maastricht
www.designday.nl

KunstRAI
Laatste week in mei
RAI, Amsterdam
www.kunstrai.nl

Dag van de Architectuur
Juni
Diverse locaties in Nederland
www.arch-lokaal.nl

Unseen
Derde week in september
Westergasfabriek, Amsterdam
www.unseenamsterdam.com

Woonbeurs
Eerste week in oktober
RAI, Amsterdam
www.vtwonendesignbeurs.nl

Dutch Design Week
Derde week in oktober
Diverse locaties in Eindhoven
www.ddw.nl

Glow Festival
Tweede week in november
Diverse locaties in Eindhoven
www.gloweindhoven.nl

PAN Amsterdam
Derde week in november
RAI, Amsterdam
www.pan.nl

Meesterlijk
Laatste week in november
Westergasfabriek, Amsterdam
www.meesterlijk.nu

Amsterdam Light Festival
Door het jaar heen
Diverse locaties in Amsterdam
www.amsterdamlightfestival.
com

Rotterdam Designprijs
Elk oneven jaar
Museum Boijmans Van
Beuningen, Rotterdam
www.designprijs.nl

Salon
Door het jaar heen
Diverse locaties in Amsterdam
www.salon1.org

b = BOVEN, m = MIDDEN, o = ONDER, bl = BOVEN LINKS, bm = BOVEN MIDDEN, br = BOVEN RECHTS, ol = ONDER LINKS, om = ONDER MIDDEN, or = ONDER RECHTS, bb = BOVEN BOVEN, oo = ONDER ONDER

OMSLAG DROOG GALLERY: THIJS WOLZAK | 2-3 ERASMUSBRUG/DE ROTTERDAM: OSSIP VAN DUIVENBODE | 10-11 DE SILODAM: ROB 'T HART | 14-15, 16 MOOOI GALERY: NICOLE MARNATI | 17 THE FROZEN FOUNTAIN: VICTOR DURAN | 18 DROOG GALLERY: THIJS WOLZAK | 19b FOAM FOTOGRAFIEMUSEUM: CHRISTIAN VAN DER KOOY | 19o FOAM FOTOGRAFIEMUSEUM: MAARTEN BRINKGREVE | 19bl, o EYE FILM INSTITUUT NEDERLAND: RALPH RICHTER | 19br EYE FILM INSTITUUT NEDERLAND: MAARTEN NOORDIJK | 20b, o RIJKSMUSEUM: JOHN LEWIS MARSHAL | 20b, m, o STEDELIJK MUSEUM AMSTERDAM: JOHN LEWIS MARSHAL | 21bb, b, o, oo STEDELIJK MUSEUM AMSTERDAM: GERT JAN VAN ROOIJ | 21 THE ROAST ROOM: MAARTEN WILLEMSTEIN | 22bl ARCAM: LUUK KRAMER FOTOGRAFIE EN FILM | 22br ARCAM: MARCEL VAN DER BURG | 22o ARCAM: WIM RUIGROK | 22b, m PAKHUIS DE ZWIJGER: SIGEL ESCHKOL | 23 CAFÉ NOL: ROBERT POUTSMA | 24m STADSARCHIEF AMSTERDAM: ERIC DIX | 24b, o MUSEUM VAN LOON: MAARTEN BRINKGREVE | 25b BIJZONDERE COLLECTIES UVA: MONIQUE KOOIJMANS | 26b, m, o TUSCHINSKI: MARTIN KUIJPER | 26b, m, o MUSEUM HET REMBRANDTHUIS: KEES HAGEMAN | 27m, o STEDELIJK MUSEUM BUREAU AMSTERDAM: GERT JAN VAN ROOIJ | 31b, o ARCHITECTURE & NATURA: AD SNELDERWAARD | 31b, o MENDO: EWOUT HUIBERS | 31b, o BOEKHANDEL ROBERT PREMSELA: AD SNELDERWAARD | 32bl, br, ol, or FRIDAY NEXT: FOTOGRAFIE SIMONE DE GEUS, STYLING KIM DE GROOT | 33b, o FABRICATI: AD SNELDERWAARD | 34 HESTER VAN EEGHEN: BOB WILLEMSE | 35b, m, o DR. WONEN: AD SNELDERWAARD | 35 VAN RAVENSTEIN: BAREND BLANKWATER | 36b, o BEBOB: ELLY GODRIE | 39b, o ART DECO DJOEKE WESSING: AD SNELDERWAARD | 41b, m, o: EDHA: AD SNELDERWAARD | 42 HANS APPENZELLER: PIM BRAS | 42b, o ART & FLOWERS: AD SNELDERWAARD | 43b, o DESIGN 020: AD SNELDERWAARD | 44-45 DE CEUVEL: MARTIJN VAN WIJK | 46bl, bm, br, 46o PLLEK: CHARLENE KWEE | 47b, m, o DE CEUVEL: MARTIJN VAN WIJK | 47b, m, o NOORDERPARKKAMER: JEROEN MUSCH | 48bl, br, bm, 49o MAZZO: EWOUT HUIBERS | 49b, m ENVY: KIM VAN DER LEDEN | 49o ENVY: EWOUT HUIBERS | 49b NOMADS: CONCRETE | 49b, m, o VYNE: EWOUT HUIBERS | 50 RESTAURANT TOSCANINI: AD SNELDERWAARD | 50b DE KAS: JET VAN FASTENHOUT | 50o DE KAS: RONALD HOEBEN | 51b, o DAUPHINE: FOTOGRAFIE: MAARTEN NOORDIJK ARCHITECT: HEYLIGERS DESIGN+PROJECTS, WWW.H-DP.NL | 51b, o BAR BAARSCH: GINO VAN MEENEN | 52b, m, o CAFÉ GEORGE: CHANTAL KEIZER | 52b BURGERMEESTER: NATASJA NOORDERVLIET | 53b BRIDGES: MARCO PAONE | 53m, o BRIDGES: JAKOB VAN VLIET | 53 ARTDELI: TEAM PETER STIGTER | 54b, o NACIONAL: JAKOB VAN VLIET | 54o SUPPERCLUB: CONCRETE | 55b SKYLOUNGE: JAN BARTELSMAN | 55m SKYLOUNGE: MARTIJN SENDERS | 55o SKYLOUNGE: JAN BARTELSMAN | 55b, m, o JIMMY WOO: JAKOB VAN VLIET | 56bl, br, m, o DE BAKKERSWINKEL: AD SNELDERWAARD | 56-57b, m, o NJOY COCKTAIL- BAR: JOS ROOIJAKKERS | 57bl, br, m, o CAFÉ-RESTAURANT AMSTERDAM: TESKA OVERBEEKE | 58-59, 60b LLOYD HOTEL: MIRJAM BLEEKER | 60o LLOYD HOTEL: LUCCA MISEROCCHI | 60b, o CONSERVATORIUM HOTEL: MVSA MEYER EN VAN SCHOOTEN ARCHITECTEN EN ARCHITECTENBUREAU J. VAN STIGT | 61b,o WOW: MARCEL VAN DER BURG | 61b, o THE COLLEGE HOTEL: AMSTERDAM MARKETING | 62b, m, o VOLKSHOTEL: MARK GROENEVELD | 63b, o HOTEL THE EXCHANGE: MIRJAM BLEEKER | 64b, o SILODAM: ROB 'T HART | 65b, o LA GRANDE COUR: JEROEN MUSCH, MVSA MEYER EN VAN SCHOOTEN ARCHITECTEN | 65b, o OPENBARE BIBLIOTHEEK: ARJEN SCHMITZ | 65b, m, o CONSERVATORIUM: FOTOGRAFIE: DARIA SCAGLIOLA; ARCHITECT: FRITS VAN DONGEN, DE ARCHITEKTEN CIE. B.V. | 66b, m, o NEMO: DIGIDAAN | 66o NEMO: MICHEL DENANCÉ | 66b MUZIEKGEBOUW AAN 'T IJ: ERIK VAN GURP | 66o MUZIEKGEBOUW AAN 'T IJ: PAUL VAN RIEL | 67b, o IJ-TOREN: LUUK KRAMER FOTOGRAFIE EN FILM | 67b, m, o THE WHALE: FOTOGRAFIE: JEROEN MUSCH; ARCHITECT: FRITS VAN DONGEN, DE ARCHITEKTEN CIE. B.V. | 67b SCHEEPSTIMMERMANSTRAAT: AMSTERDAM MARKETING | 68o ELICIUM RAI: JANNERS LINDERS | 69b, o ERNST & YOUNG TOWER: FOSTER + PARTNERS | 69b, o SYMPHONIE TOWER: FOTOGRAFIE: DARIA SCAGLIOLA; ARCHITECT: PI DE BRUIJN, DE ARCHITEKTEN CIE. B.V. | 70b, o VIÑOLYTOREN: RAOUL SUERMONDT | 70 ITO-TOREN: EMILIO BRIZZI | 70b THE ROCK: J. COLLINGRIDGE | 70o THE ROCK: CHRISTIAN RICHTERS | 71b, m, o MAHLER IV: AD SNELDERWAARD | 71b, o OZW-GEBOUW: AD SNELDERWAARD | 71b, o ING-GEBOUW: AD SNELDERWAARD | 72-73 WARMTEKRACHTCENTRALE: AD SNELDERWAARD | 76-77 RIETVELD-SCHRÖDER HUIS: ONTWORPEN DOOR GERRIT TH. RIETVELD (UTRECHT 1888 – UTRECHT 1964), 1924, HET RIETVELD SCHRÖDERHUIS IS ONDERDEEL VAN HET CENTRAAL MUSEUM, UTRECHT, IMAGE & COPYRIGHTS CMU/ERNST MORITZ | 78 RIETVELD SCHRÖDERHUIS: ONTWORPEN DOOR GERRIT TH. RIETVELD, 1924, LOCATIE: PRINS HENDRIKLAAN 50, UTRECHT, HET RIETVELD SCHRÖDERHUIS IS ONDERDEEL HET CENTRAAL MUSEUM, UTRECHT, IMAGE©RIGHT: CENTRAAL MUSEUM UTRECHT/KIM ZWARTS, [COPYRIGHT] GERRIT THOMAS RIETVELD, RIETVELD-SCHRÖDER HUIS, 1924, C/O PICTORIGHT 2015 | 79 CENTRAAL MUSEUM: IMAGE©RIGHT CENTRAAL MUSEUM UTRECHT/ BERT MULLER | 80b, o AORTA: INDYMAY | 81b, o VAN SCHIJNDELHUIS: THEO BAART | 81b, o ILLUSTRATIONS DICK BRUNA © COPYRIGHT MERCIS BV, 1953-2015 | 82-83, 85 STRAND WEST: SIMON BOSCH | 84 DESIGNER CAFÉ: INGO CALY | 85b, o WORKSHOP OF WONDERS: KASIA GATKOWSKA | 85b, o MCHL: DEBORA CLAXTON | 87bb, b, m, o KLIJS EN BOON: PAUL ZEPER | 87b BEBOP: JURRIAAN HOEFMIT | 87m, o BEBOP: ANGELICA BELJAARS | 88-89 DE KLUB: PATRICK STOOP | 90b, m, o AMBERES: FOTOGRAFIE: RUTGER VOS; INTERIEURARCHITECT: ATELIER BOETZKES | 92o TIVOLIVREDENBURG: FRANS VAN BRAGT | 92b, m, o, 93o DE KLUB: PATRICK STOOP | 93b DE KLUB: PIETER VAN DEN BOOGERT | 93m DE KLUB: OLAF SCHUUR | 93 IMPAKT FESTIVAL: PIETER KERS | BEELD.NU | 94-95 B&B GREGORIUS: KASIA GATKOWSKA | 96b, m, o CHAMBRES-EN-VILLE: STEVEN LANGERWERF | 97b, o B&B GREGORIUS: KASIA GATKOWSKA | 98b, m, o THE BASKET: LUUK KRAMER FOTOGRAFIE EN FILM | 99b, m, o MINNAERTGEBOUW: AD SNELDERWAARD | 99b, o UNIVERSITEITSBIBLIOTHEEK: JAN BITTER | 100b, o EDUCATORIUM: AD SNELDERWAARD | 100b, o STUDENTENCOMPLEX CAMBRIDGELAAN: THEO UYTENHAAK | 100b, m, o FEM-GEBOUW: CHRISTIAN RICHTERS | 101b, m. o HIJMANS VAN DEN BERGH GEBOUW: CHRISTIAN RICHTERS | 101b WARMTEKRACHTCENTRALE: ARJEN SCHMITZ | 101o WARMTE KRACHTCENTRALE: JAN DERWIG | 101b, o CASA CONFETTI: AKZO NOBEL | 102-103, 113b, o HEMELS GEWELF: GERRIT SCHREURS | 106-107 PANORAMA MESDAG: BOB STRIK | 108 HET NEDERLANDS DANSTHEATER: DEN HAAG MARKETING/ PIERRE CROM | 108b PAARD VAN TROJE: DEN HAAG MARKETING/

MAURICE HAAK | 108o PAARD VAN TROJE: DEN HAAG MARKETING/PIERRE CROM | 109b SOUTERRAIN: CHRISTIAN RICHTERS | 109o SOUTERRAIN: GEMEENTE DEN HAAG/PIET GISPEN | 109b FOTO- MUSEUM DEN HAAG: GERRIT SCHREURS | 109m FOTOMUSEUM DEN HAAG: MAURICE HAAK | 109o FOTOMUSEUM DEN HAAG: GERRIT SCHREURS | 110b MAURITS-HUIS: RONALD TILLEMAN | 110m, o MAURITSHUIS: RONALD TILLEMAN | 110b, m, o BEELDEN AAN ZEE: KIM ZWARTS | 111b PANORAMA MESDAG: DEN HAAG MARKETING/JURJEN DRENTH | 111o PANORAMA MESDAG: ROOS EN BRAAKSMA | 111b, m HET STADHUIS: DEN HAAG MARKETING | 111o HET STADHUIS: DEN HAAG MARKETING/ PIERRE CROM | 111b, o DE BALJURK: GERRIT SCHREURS | 112 ZANDMOTOR: JOOP VAN HOUDT/RIJKSWATERSTAAT | 113b STROOM: JANNES LINDERS | 113m STROOM: OLIVER RESSLER | 113o STROOM: ROB KOLLAARD | 114-115 STROMINGEN: EEFJE DE CONINCK | 116 PASSAGE: DEN HAAG MARKETING | 117bl, br, ol, or EDWIN PELSER: LOES VAN GENNIP | 118b, o TAS KA: LONNEKE VAN DER PALEN | 118b, o KIKKE SPULLE!: FEMFOTO-GRAFIE | 122bl, br, o RESTAURANT CALLA'S: CASPER VAN DORT | 123b, o MAXIME: DEN HAAG MARKETING/ JURJEN DRENTH | 124b, m, o DEKXELS: AD SNELDERWAARD | 125ol THE PENTHOUSE: THOMAS NOLF | 128-129, 130bl, br, o KURHAUS: DEN HAAG MARKETING | 130b, o, 131b RESIDENZ: TESSA FRANCESCA | 131o RESIDENZ: TESSA JOL | 131bl, br, ml, mr, o PALEIS HOTEL: DEN HAAG MARKETING | 132-133 DE MARKTHAL: OSSIP VAN DUIVENBODE/ROTTERDAM IMAGE BANK | 136-137 SS ROTTERDAM: VINCENT VAN DORDRECHT/ROTTERDAM MARKETING | 139b, o HET NIEUWE INSTITUUT: JOHANNES SCHWARTZ | 139b, m, o HUIS SONNEVELD: JOHANNES SCHWARTZ | 139b KUNSTHAL: MARCO DE SCHWARTZ | 139o KUNSTHAL: JEROEN MUSCH | 140b, o V2: NOX | 140b HET NEDERLANDS FOTOMUSEUM: THIJS WOLZAK | 140o HET NEDERLANDS FOTOMUSEUM: JAN ADRIAANSE EN JOB JANSSEN | 140o SS ROTTERDAM: VINCENT VAN DORDRECHT/ROTTERDAM MARKETING | 141bl, br, ol, or MUSEUM BOIJMANS VAN BEUNINGEN: LOTTE STEKELENBURG | 142 DE MARKTHAL: OSSIP VAN DUIVENBODE/ROTTERDAM IMAGE BANK | 143b, o WORM: ALLARD VAN DER HOEK | 143b, m TENT: JOB JANSSEN EN JAN ADRIAANS | 144b, o GALERIE ECCE: DENNIS DUINKER | 144bl, ml, br WITTE DE WITH: AAD HOOGENDOORN | 144o WITTE DE WITH: CASSANDER EEFTINCK-SCHATTENKERK | 145 KUBUSWONINGEN: OSSIP VAN DUIVENBODE/ROTTERDAM IMAGE BANK | 146-147 DEPOT ROTTERDAM: JAN BIJL/ROTTERDAM MARKETING | 149b WESTELIJK HANDELSTERREIN: ENITH/ ROTTERDAM IMAGE BANK | 149o WESTELIJK HANDELSTERREIN: CLAIRE DROPPERT | 149m MINI MALL: MARC HEEMAN/ROTTERDAM MARKETING | 149o MINI MALL: OSSIP VAN DUIVEN-BODE/ROTTERDAM MARKETING | 150b, o MARGREETH OLSTHOORN: KAY VAN 'T HOF | 150b, o ROBERT VAN OOSTEROM INTERIORS: MAAIKE ENGELS | 151b, o SUSAN BIJL: DALEEN BLOEMERS | 151b, m, o NEN XAVIER: CEDRIC PRADEL | 152bl, bm, br, o HET ZWAANSHALS/ CONTEMPORARY SHOWROOM: DON SARS | 153b, m, o & DESIGNSHOP: NYNKE VAN DER HOEK | 153b OLGA KORSTANJE: RIANNE ZIJDERVELD | 153o OLGA KORSTANJE: PETER SCHMIDT | 154-155, 159b, o WIJN OF WATER: MAARTEN LAUPMAN | 157b, o LUX: SOPHIA VAN DEN HOEK | 157b, m, o AMARONE: RENÉ BOSCH | 158bl, br, ol, or UIT JE EIGEN STAD: HANKE ARKEN-BOUT | 159b, o ALOHA BAR: SOPHIA VAN DEN HOEK | 160bl, bm, br, o TER MARSCH & CO: ANNABEL EPPINGA | 160b, m, o PARKHEUVEL: ROBBERT SO KIEM HWAT | 161 SUICIDE CLUB: GUIDO PIJPER | 161 LAS PALMAS: DAARZIJN | 162 DE UNIE: HANNAH ANTHONYSZ | 162bl DUDOK: MARC HEEMAN | 162br DUDOK: JAN VAN DER PLOEG | 162o DUDOK: JAN BIJL/ROTTERDAM IMAGE BANK | 163 MAASSILO: ENITH | 166 DE EUROMAST: OSSIP VAN DUIVEN-BODE/ROTTERDAM MARKETING | 167b, o SUITE HOTEL PINCOFFS: FRANK BRANDWIJK EN WILLEM MELSSEN | 167bl, o, br, m HOTEL STROOM: HORIZON PHOTOWORKS | 170b GROOT HANDELSGEBOUW: FREEK VAN ARKEL | 170m GROOT HANDELSGEBOUW: MICHEL GROEN | 170o GROOT HANDELSGEBOUW: OSSIP VAN DUIVENBODE | 171b, m, o SCHOUW-BURGPLEIN: OSSIP VAN DUIVENBODE/ ROTTERDAM IMAGE BANK; | 171 MULTIPLEX: PETER SCHMIDT/ROTTER-DAM MARKETING | 171b MARITIEM MUSEUM: FRED ERNST/ROTTERDAM MARKETING | 171o MARITIEM MUSEUM: JAN BIJL/ROTTERDAM IMAGE BANK | 172b THE RED APPLE: OSSIP VAN DUIVENBODE | 172o THE RED APPLE: MARC HEEMAN | 172b, o CHABOT MUSEUM: JANNES LINDERS | 173b NATUURHISTORISCH MUSEUM: ROTTERDAM IMAGE BANK | 173o NATUURHISTORISCH MUSEUM: ENITH/ROTTERDAM MARKETING | 173 KUNSTHAL: JEROEN MUSCH | 173b, o ERASMUSBRUG: OSSIP VAN DUIVEN-BODE/ROTTERDAM IMAGE BANK | 174b, o KPN-GEBOUW: KAY VAN 'T HOF | 174b MONTEVIDEO: OSSIP VAN DUIVENBODE/ ROTTERDAM IMAGE BANK | 174o MONTEVIDEO: KYMAN CHENG/ ROTTERDAM MARKETING | 175b WORLD PORT CENTRE: FOSTER + PARTNERS | 175o WORLD PORT CENTRE: CLAIRE DROPPERT/ROTTER-DAM MARKETING | 175bl DE ROTTER-DAM: CLAIRE DROPPERT/ROTTERDAM MARKETING | 175br, o DE ROTTERDAM: OSSIP VAN DUIVENBODE/ROTTERDAM IMAGE BANK | 180 PIET HEIN EEK: NOB RUIJGROK | 182 MU: BOUDWIJN BOLLMANN | 184 DE KAZERNE: COLLECTION LIDEWIJ EDELKOORT IN KAZERNE EXPO OPEN ENDED, BEELD: RUUD BALK | 185 ZUIDERZEEMUSEUM: ERIK HESMERG | 186 GRONINGER MUSEUM: ERIK EN PETRA HESMERG | 187 KERAMIEKMUSEUM PRINCESSE-HOF: RUBEN VAN VLIET | 188 TAPE: AD SNELDERWAARD | 189 COMING SOON: MARTIJN BAUDOIN | 191 KRÖLLER-MULLER MUSEUM: MARJON GEMMEKE | 192 KADE: MIKE BINK | 193 FORT ASPEREN: STEFAN GROSS | 194 TEXTIELMUSEUM: TOMMY DE LANGE/ TEXTIELMUSEUM | 195 MOTI: ELINE BAGGEN | 198 STEDELIJK MUSEUM 'S HERTOGENBOSCH: INGA POWILLEIT | 199 NOORDBRABANTS MUSEUM: JOEP JACOBS | 200 ZEEUWS MUSEUM: ROEL VAN TOUR | 201 BUREAU EUROPA: PETER VISSER

COLOFON

© 2015 UITGEVERIJ TERRA
TERRA MAAKT DEEL UIT VAN
TERRALANNOO BV
POSTBUS 97
3990 DB HOUTEN
NEDERLAND
INFO@TERRALANNOO.NL
WWW.TERRALANNOO.NL

TEKST:
JEROEN JUNTE

ONTWERP:
COMA AMSTERDAM/NEW YORK

REDACTIE:
YVONNE SCHOUTEN

BEELDREDACTIE:
KIM HOEFNAGELS

EERSTE DRUK 2015

ISBN: 978 90 8989 661 2
NUR 656/500